# VOYAGE

# ARCHÉOLOGIQUE

## ET LITURGIQUE

## EN NORMANDIE,

Par l'abbé Bertin (1718).

ROUEN.

IMPRIMERIE E. CAGNIARD, RUE PERCIÈRE, 29.

1863.

# VOYAGE

## ARCHÉOLOGIQUE ET LITURGIQUE

### EN NORMANDIE

### Par l'abbé BERTIN (1718).

> Celebrare domestica facta.
> HORACE.

**Note sur l'auteur et sur son manuscrit.**

Nicolas Bertin, dont nous publions aujourd'hui le présent manuscrit, conservé à la Bibliothèque impériale, dans le volume vingt-troisième du n° 5024 du Supplément français, était un des correspondants actifs et éclairés du savant abbé Lebœuf. A ce titre seul, il devrait intéresser toutes les personnes qui s'occupent de recueillir les traces du passé. Il nous a semblé qu'on lirait avec plaisir le récit de son voyage dans notre province, à une époque déjà assez ancienne, pour que bien des monuments aient été détruits, que bien des changements se soient opérés dans les habitudes, et qu'il soit intéressant de comparer, d'après un témoignage authentique, ce qui nous a précédés avec ce qui nous entoure aujourd'hui.

Qu'il nous suffise d'appeler l'attention sur quelques-uns des points principaux, tels que l'itinéraire suivi par l'auteur, l'admiration si naturelle pour les beaux paysages qu'il rencontre sur son chemin. C'est ainsi qu'on le voit s'arrêter, dans une contemplation voisine de l'extase, pendant une heure, en arrivant à Rouen par la côte Sainte-Catherine. Pour se rendre de cette ville à Dieppe et en revenir, la route qu'il prend est à remarquer. Ensuite il décrit avec un soin particulier les monuments funéraires; il relève les épitaphes de la Chartreuse de Bourbon près Gaillon, de l'église des Deux-Amants, etc. Partout il note, en observateur fidèle et instruit, les usages liturgiques, sur lesquels il fait des observations critiques. Ses relations avec la famille Colbert, sa visite et ses entrevues avec M$^{me}$ de Graville et M$^{lle}$ de la Reynardière, sa sœur, prouvent qu'il jouissait d'une grande considération dans le monde. Je me hâte de dire que son âge avancé (il avait alors soixante-douze ans), lui devait permettre une grande liberté; d'ailleurs il n'était engagé que dans les ordres mineurs, donc : *Honni soit qui mal y pense*. Il nous suffira de citer le passage suivant du tome septième des *Mémoires historiques de Port-Royal* (1), ne voulant pas déflorer le sujet, et désirant laisser à nos amis lecteurs le plaisir que nous avons éprouvé, en lisant ce petit opuscule relatif à l'histoire de notre province. Nous n'avons cherché que leur satisfaction, en déterrant, pour ainsi dire, cette œuvre posthume.

DE B.

« (1) Nicolas Bertin, acolyte, a été très recommandable par sa vie humble et pénitente, pauvre et cachée; ami sincère de la vérité, il l'a confessée et défendue en toute occasion, et il fut toujours opposé à la Bulle. Il n'épargnoit pas ses soins et ses peines pour venir au secours de ses frères persécutés pour la cause de J. C. Il entreprennoit pour cela de longs voyages qu'il faisoit souvent à pied. Son mérite distingué le fit choisir par le Parlement, en 1715 et en 1717, pour un des examinateurs des conciles publiés par le P. Hardouin, jésuite. Il étoit très lié à la maison de Port Royal et à M. Colbert, évêque de Montpellier. Il prit le parti de se retirer à Palaiseau, avec M. Mabille, prêtre mort le 11 avril 1711, qui étoit l'ami et le conseil des religieuses de Port Royal des Champs. Il avoit avec lui un frère bien édifiant et une sœur d'un grand mérite qui mourut en odeur de sainteté le 10 janvier 1723. M. Bertin, après avoir été l'admiration de tout le monde par sa piété et ses bonnes œuvres, mourut le 12 juin 1728, âgé de quatre vingt deux ans; il fut enterré dans le cimetière de la paroisse. »

## Voyage liturgique.

### § 1ᵉʳ. — DE PALAISEAU A ROUEN.

ABRÉVIATIONS.

† paroisse.
G., gauche.
C. ép., côté de l'épitre.
Ev., évêché ou évêque.
Riv., rivière.

Dr., droite.
C. év., côté de l'évangile.
O. S. B., ordre de Saint-Benoît.
Card., cardinal.
N.-D., Notre-Dame.

Départ de Palaiseau le dimanche après midi, 31 et dernier juillet 1718 ; delà à Saclé †(1), à Orsigni †, à Toussus †, à Guyencourt †, à Saint Cyr †, abbaye de filles O. S. B., puis à Villepreux où je couchai (5 lieues), *Villa petrosa* (2). Ce bourg n'est pas plus pierreux qu'un autre, si ce n'est à un coin vers la hauteur. Dans l'église paroissiale, qui a nom Saint Germain d'Auxerre, on voit un litre qui a les armoiries de Colbert, avec le collier de l'ordre du Saint Esprit.

Lundi 1ᵉʳ août, départ à six heures du matin ; delà à Chavignac †(3), à Dauron (4) où l'on entre dans le grand chemin d'Evreux : Vitteville (5), château à feu M. de Bullion qu'on laisse à droite ; puis Grepiere dr. (6) : Frileuse g. sur une hauteur, au dessous de laquelle, dans la vallée, on laisse le chemin de Maule à g. : à Montainville † sur la montagne, puis à la Goupilliere † : à Saint Corentin † (2 lieues), abbaye de filles O. S. B. qui a quinze religieuses et où, sur le mur intérieur de la porte par où l'on entre dans l'église, on lit c. év. sur un marbre noir de forme ronde, enfermé dans un cercle de pierre blanche, ces paroles en lettres d'or : « En cette église est

(1) Saclay.
(2) Plutôt Villa Prædosa qu'on trouve dans les chartres.
(3) Chavenay sur la carte de Cassini.
(4) Davron, ibid.
(5) Wideville, hameau sur la carte du dépôt de la guerre.
(6) Crespières, ibid.

inhumée la Reine Marie de Moravie ou Méranie, épouse de Philippe II, dit Auguste, Roi de France, lequel fonda cette abbaye pour six vingts religieuses sous une abbesse. Philippe, comte de Boulogne, fils des susdits Roi et Reine, a donné à cette maison dix milliers de Harengs Sor (1) annuellement. » Je dinai en ce lieu (3 lieues), à une heure après midi ; delà à Dammartin †; à Loyne †; à Bréval, où est un château de M<sup>me</sup> de Thianges †; à Villers qui est un bourg †; à Saint Chéron †; à Hécourt † sur la rivière d'Eure; à Champline (2) ; à Passa (3), faubourg de Passi, dont il est séparé par la même rivière † bourg, où je logeai au Lion d'or; temps toujours couvert sans pluie (3 lieues).

Mardi 2<sup>me</sup> d'aoust, départ à six heures du matin ; delà à Cocherel † le long et à dr. de la rivière d'Eure : à Chambray † : à Anthouillet † qui est un peu en dessus du cours de la rivière, sur laquelle à gauche est le château de la Boulaie, qui appartient à M. le duc de La Force, dans une belle vallée, entre deux coteaux fertiles. Le clocher quarré et de pierres, porche pour entrer delà dans la nef de l'église, qui est séparée du chœur par une cloison de menuiserie, à laquelle est appliqué d'une part et de l'autre un autel. C'est à l'entrée de cette nef qu'est enterrée ma sœur Marie Magdeleine, qui s'est retirée en ce lieu pour avoir soin de l'Apothicairerie et y servir les pauvres et les malades. Le curé de ce lieu, Pierre de Manneville, mort depuis ma sœur, le 17 juillet 1716, avait établi cette apothicairerie pour les malades de sa paroisse et des environs et il disoit tous les jours, non fêtes et dimanches, la messe à la pointe du jour, à laquelle les habitants venoient assister avant que d'aller à leur travail, et il ne la disoit point sans l'accompagner d'une courte exhortation, dans laquelle il expliquoit quelque partie de l'évangile. Cette église bâtie en forme de longue chapelle a sur ses murailles de part et d'autre, un beau lambris jusqu'à hauteur d'homme, avec un long banc qui continue tout du long, et, au dessus de ce lambris, il y a des tableaux quarrés assez bien peints dans des bordures dorées, accompa-

(1) Saurs.
(2) Chambine.
(3) Pacel.

gnées de corniches de même, d'espace en espace, couverts par de grands rideaux de toile verte, pour les conserver, qui ne se tiroient que les fêtes et dimanches. Le chœur a les mêmes ornements que la nef, et l'autel a un retable de menuiserie bien travaillé et est orné de figures de bois en plein relief et dorées comme les bordures des tableaux : derrière ce retable est un espace qui sert de sacristie, qui a son mur de fond en demi cercle et est orné de petits tableaux et de bordures dorées et attachées sur la menuiserie. Le toit de l'Eglise n'est revêtu en dedans que de petites planches jointes ensemble et couvertes sur la jointure d'une tringle dorée qui remplit le vide. Toute cette décoration, faite par le susdit curé, méritoit bien que son successeur fit mettre un petit mot d'inscription sur le sepulchre du défunt.

Départ d'Anthouillet à neuf heures ; delà en montant le coteau derrière l'église et traversant le bois, qui a quelques maisons qu'on appelle la Garenne de la Boulaie, on va à un hameau nommé La Forest, puis à Saint-Aubin † (1), puis à Gaillon †, où l'on descend par un bois taillis. Ce village situé, non dans le diocèse de Rouen, mais dans celui d'Evreux, appartient aux Archevêques de Rouen qui y ont un château et un parc des plus beaux avec une vue magnifique, qui s'étend sur une longue et large vallée où coule la rivière de la Seine. Le château bâti sur le penchant d'une montagne par le cardinal Georges d'Amboise ne laisse rien à désirer. J'arrivai là entre onze heures et midi et je dînai à l'Ecu. L'archevêque étoit au château se portant assez bien, quoiqu'il se dise toujours incommodé. C'est ainsi que les gens du lieu en parloient (2).

J'allai l'après dînée à la Chartreuse, située dans la plaine à un quart de lieue de Gaillon, et presque au tournant de la rivière, qui de là coule vers Andely. En entrant dans la cour on lit sur la porte cette inscription : CHARTREUSE DE BOURBON LÈS GAILLON. Dans l'église, c. ép. du chœur, une grande chapelle fermée, qui porte le nom de N. D. contient au milieu de

(1) Saint-Aubin-sur-Gaillon.

(2) L'archevêque de Rouen était alors Messire Claude-Maur d'Aubigné, décédé en avril 1719. Il avait pris possession, par procureur, le 28 avril 1708.

l'espace un grand tombeau de marbre noir, qui étoit auparavant au milieu du chœur. La raison de ce déplacement contraire a l'intention du fondateur est, dit on, qu'il embarassoit les religieux dans leurs cérémonies (1). Il y a plusieurs figures de marbre blanc en plein relief ; celles qui sont aux coins représentent autant de vertus : savoir au bout d'en bas le plus éloigné de l'autel c. év. la Force, qui a un lion sous ses pieds et une branche de laurier à la main ; celle du même bout, c. ép., est la Justice, qui tient un faisceau de verges, dans lequel est la hache : au bout du haut qui est le plus près de l'autel, c. év., c'est la Tempérance qui porte dans sa main droite un petit vase et à ce bout c. ép. la Prudence, qui empoigne de sa main gauche un serpent. A la face du bout d'en bas, il y a un piédestal qui porte un casque accompagné de deux petits enfants, un peu trop nuds, qui tiennent une tête de bélier descharnée et suspendue entr'eux par le moyen d'un linge qui descend de leurs mains et passe dans le creux des yeux de cette teste. L'écriteau qui est au dessus porte : « Charles de Bourbon, comte de Soissons, pair et grand maitre de France, gouverneur du Dauphiné et Normandie, très pieux, très sage et très vaillant, mourut l'an MVI$^c$XII, le 1$^{er}$ novembre âgé de XLVI ans. » A la face qui regarde l'autel, il y a un piédestal pareil au précédent ; il porte deux anges qui ont leurs mains gauches et droites appuyées sur deux gantelets et qui tiennent un linge passé de même que celui de ci devant. Le marbre noir qui est au dessus porte : « Anne de Montafié, comtesse de Soissons, femme de très haut et très puissant prince,

(1) C'est la même raison que donnèrent, en 1725 et 1737, les chanoines de la métropole de Rouen pour déplacer les tombeaux de Charles V, de Richard Cœur-de-Lion, de Henri-le-Jeune et du duc de Bedford. C'est le cas de répéter les paroles de M. de Guilhermy, auteur de la *Description de Notre-Dame de Paris*, à propos de travaux de même nature : « La piété qui prétendait rajeunir le sanctuaire par des embellissements « modernes obtenus à grands frais, ne lui fut guère moins fatale que la barbarie qui, « un peu plus tard, s'acharnait à le dévaster. » Les dévastations des Protestants de 1562, les prétendus embellissements des Chapitres au début du xviii$^e$ siècle, et les déprédations de la Révolution, voilà les trois causes funestes du déplorable état où sont la plupart de nos monuments religieux.

Charles de Bourbon, princesse douée de toutes les vertus fist faire ce tombeau l'an MVI$^c$XXXIII et mourut l'an MVI$^c$XLIII, âgée de LXVII ans. » Au-dessus de cette inscription, il y a un marbre blanc en écusson, parti au 1$^{er}$ de France avec le baton péri, au 2$^e$ chargé d'un lion couronné et surmonté d'un croissant tourné en dehors et rempli d'une étoile en son vide. Sur la face collatérale c. év. est couchée une princesse, soutenue sur son bras gauche, et tenant de sa main droite un livre posé sur sa cuisse droite et sous son coude gauche, aiant un coussin. Elle est vêtue d'un corps de juppe orné d'un fil de perles à trois rangs, qui descend de haut en bas sur le milieu de l'habillement et tourne sur les reins en forme de ceinture entre le corps et la juppe. Elle est en demi relief étendue sur un tombeau de marbre blanc où est enchassé une inscription en marbre noir qui porte : « Charlotte Anne de Bourbon, leur fille très aimée et très estimable, mourut l'an MVI$^c$XXIII, âgée de XXVI ans. Ses vertus surpassoient son âge. » A la face opposée c. ép. il y a sur une urne de marbre blanc ouverte un coussin fleurdelysé sur lequel est couché un petit enfant enveloppé d'un lange aussi fleurdelysé et un piédestal de marbre blanc où on lit en lettres d'or, comme aussi sont celles des inscriptions susdites : « Elisabeth de Bourbon leur fille mourut l'an MVI$^c$XI, âgée de un an, heureuse d'être morte en l'état d'innocence. » Les deux figures de plein relief couchées sur le tombeau et qui sont de marbre blanc sont le mari et la femme, qui ont chacune proche leurs têtes une couronne fleurdelysée ouverte. Elles sont étendues sur le dos avec les mains jointes et un coussin sous la tête : la figure de l'homme a un lion sous les pieds avec la gorge couverte d'une fraise un peu ouverte par devant. Aux quatre coins des faces collatérales de ce monument, on voit leurs chiffres entrelacés en cette manière. Ce sont deux A dont l'un est renversé et deux C dont l'un est tourné à contresens Ↄ, les deux faces des deux bouts en ont autant, ce qui fait en tout huit chiffres. Toutes ces figures sont très bien faites; celles qu'on voit à l'autel du chœur en plein relief sont modernes et n'y ont été mises que depuis un an. L'une représente Saint Jean Baptiste c. év., l'autre c. ép. sainte Catherine; on croit que celle ci est pour faire ressouvenir que la ville de Rouen est au pied du mont Sainte Catherine.

Le rétable de l'autel est d'une riche architecture embelli par de belles colonnes de marbre noir. Il est appuyé contre le mur du chevet, qui est arrondi en demi cercle. Le chœur à quarante deux hautes chaires avec un grand espace pour le cancel ; les armoiries qu'on y voit et en d'autres endroits sont de France avec la barre de droite à gauche ; elles ont pour ornement une croix à deux traverses avec le chapeau de cardinal.

Le caveau des cercueils des princes et princesses inhumés dans cette église, au milieu du chœur, à l'endroit d'où a été transporté le monument, dont il est fait mention cy dessus, leurs noms et qualités ont été copiés sur les épitaphes de leurs cercueils en la manière suivante selon que le contient le manuscrit qui m'a été communiqué : Ceux où il y a † y ont leurs corps, et ceux qui ont la figure d'un cœur n'y ont que leur cœur, qu'on y a apporté d'ailleurs : 1° Charles, qui naquit à la Ferté sous Jouare, en Brie, le 22 décembre 1522, fut fait cardinal le 27 juillet 1547 et archevêque de Rouen le 20 septembre 1550. Il fonda cette Chartreuse en 1571 et mourut à Fontenay le Vicomte, en Poitou, le 29 de mai 1590, âgé de 66 ans 7 mois ; II° Jean de Bourbon, cœur, duc d'Enghien, né le 5° de juillet 1528, tué à la journée de Saint Quentin, le 10 août 1557 ; il avoit épousé en juin 1557 Marie de Bourbon, sa cousine, fille de François de Bourbon, comte de Saint Paul, née en 1539, décédée en 1601 sans enfants ; III° Charles † comte de Soissons, né le 3 novembre 1566, qui épousa le 27 novembre 1601 Anne de Montafié †, desquels deux est le tombeau susdit déplacé. Elle est née le 22 juillet 1577, fille de Louis de Montafié et de Jeanne de Coesne : il décéda le 1er novembre 1612 et son épouse le 18 juin 1644, aiant de leur mariage cinq enfants, savoir : 1° Louise de Bourbon Soissons, cœur, née le 7 février 1603, qui épousa le 30 d'avril 1617 Henri duc de Longueville ; elle mourut le 9 de septembre et lui le 8 mai 1663, aiant eu trois enfants, savoir deux fils morts jeunes et Marie Anne d'Orléans mariée, le 22 mai 1657, à Henri de Savoie, duc de Nemours, dont elle n'eut pas d'enfants ; 2° Louis de Bourbon Soissons † né le 11 de mai 1604, tué, sans mariage, le 6 juillet 1641, à la bataille de Sédan qu'il avoit gagnée contre l'armée du Roi : 3° Marie de Bourbon Soissons † née le 3 mai 1606, qui épousa le 6 janvier 1625 Thomas François de Savoie, prince de Carignan, qui décéda à Turin le 22 janvier 1656. Il étoit né le 21 décembre 1596, et Marie de Bourbon décéda le 3 juin 1692, aiant eu sept enfants, savoir : cinq garçons et deux filles ; 3° Charlotte de Bourbon Soissons, née le 15 juin 1608, et décédée le 3 novembre 1623. On la voit au côté év. du tombeau ; 5° Elisabeth de Bourbon Soissons, née en octobre 1610 et décédée le 10 octobre 1611. On la voit au côté ép. du même tombeau ; 6° Louise Christine de Savoie Carignan, née l'an 1626, qui épousa l'an 1653 Ferdinand Maximilien, marquis de Baden, prince de l'Empire, né le 23 septembre 1626, décédé en 1669, et elle décéda à Paris le 7 juillet 1629, ayant laissé un fils; 5° Eugène Maurice de Savoie † comte de Soissons, né à Chambery le 3 mai 1633, qui épousa le 21 février 1657, Olympe Mancini, nièce du cardinal Mazarin. Il mourut à Onna (1), en Allemagne le 8 juin 1673, ayant eu de sa femme huit enfants, savoir: Cinq garçons et trois filles; 6° Anne Marie Françoise de Savoie, dite Mademoiselle de Dreux, née en 1669 et décédée le 24 février 1671; l'un des fils du susdit Eugène Maurice de Savoie est François Eugène de Savoie, plus connu depuis sous le nom de Prince Eugène.

Voici un catalogue généalogique concernant le fondateur de la Chartreuse copié sur le manuscrit communiqué en ce qui vient de précéder : 1° Charles I$^{er}$ du nom, duc de Vendosme, tige commune de la maison royale de Bourbon et des maisons de Condé et de Soissons, descendait en droite ligne masculine de Robert, comte de Clermont, sixième fils de saint Louis roi de France, et il épousa Françoise d'Alençon fille de René duc d'Alençon, et de Marguerite de Lorraine, veuve de François I$^{er}$, duc de Longueville ; il mourut le 25 juillet 1537 et son épouse le 14 septembre 1558, âgée de 60 ans, aiant eu treize enfants de leur mariage, savoir : Sept garçons et six filles. Le premier des garçons nommé Louis, comte de Marle, et le quatrième nommé aussi Louis, moururent très jeunes ; l'ainée des filles nommée Marie, née en 1515, mourut en 1588. C'est tout ce qu'on sait d'eux. Restent cinq garçons et cinq filles, savoir : 1° Antoine de Bourbon, né le 22 avril 1508, qui épousa en 1548 Jeanne d'Albret, reine de Navarre. Il décéda à Andeli le

(1) Unna, ville de la Westphalie, près Arensberg.

17 novembre 1563, aiant eu Henri et quatre autres enfants ; 2° François, comte d'Enghien, né en 1519, qui gagna la bataille de Cérisoles en 1544, et décéda sans mariage, le 23 février 1546 ; 3° Charles dont est le tombeau ci-dessus ; 4° Jean de Bourbon, duc d'Enghien, dont il a été aussi fait mention ; 5° Louis de Bourbon, né le 7 mai 1530 qui fut tué à la bataille de Jarnac.

L'ancienne abbaye du mont Sainte Catherine aux portes de la ville de Rouen a été donnée, quant à ce qui concerne la mense abbatiale, à la Chartreuse de Gaillon par le jeune cardinal de Bourbon, neveu du premier et fils du prince de Condé et de sa première femme, le roi Henri IV aiant bien voulu renoncer à son droit de nomination en cette occasion.

Derrière le retable sur un autel du chœur, on lit sur un marbre noir : « Ce grand autel de marbre noir et de marbre blanc, et le tombeau qui est dans le chœur de l'église de cette Chartreuse de Bourbon, ont été faits des charités et libéralités de haute et puissante princesse M$^{me}$ Anne de Montafié, veuve de très haut et très puissant prince Charles de Bourbon, comte de Soissons, neveu de monseigneur Charles, prince cardinal de Bourbon, fondateur de cette Chartreuse, et le dit autel fut parachevé, l'an 1650. (1) » Non seulement le chœur de cette église est fort long, mais aussi toute l'église même, qui par proportion est aussi fort large ; depuis la grande porte jusqu'au fond du chevet, on lui donne 29 toises de longueur et 5 toises 1/2 de largeur : le cloître est parfaitement quarré, et dans chacune de ses faces, il contient huit logis ou celles, ce qui fait en tout trente deux logis (2).

Dans la sacristie, qui joint le chœur, c. év. et qu'on appelle la chapelle Saint Louis, étoient ci devant inhumés dans un caveau, Françoise d'Orléans,

(1) Nous croyons avoir vu, en 1844, ce même autel de marbre dans le chœur de la principale église de Vernon.

(2) Le chemin de fer traverse à présent l'enceinte de cette Chartreuse, dont l'église et presque tous les bâtiments claustraux ont disparu. Ce qui intéresse dans cette description de la Chartreuse, c'est qu'elle précède l'incendie de 1764, qui nécessita la reconstruction de 1776. — Millin, dans son ouvrage des *Antiquités nationales*, t. IV, a bien décrit la *Chartreuse-lès-Gaillon*, mais après sa reconstruction. — L'autel de 1650 pouvait donc avoir disparu en 1792.

princesse de Condé et aussi Jeanne de Coësne, veuve de Louis de Montafié et en deuxièmes noces, femme du prince de Conti, et encore le comte de Soissons, mari de la dame de Montafié, qui a fait construire le tombeau mentionné ci dessus et le maître autel. On les a réunis dans le caveau du milieu du chœur.

De plus, dans la sacristie, est une grande armoire, où est un amas incroyable de reliques, savoir: Dans un reliquaire d'argent doré, porté sur un pied de cuivre, aussi doré, sur un cristal en bosse, enfermé dans un cercle orné de pierreries, une tête dont la bouche fait voir un morceau de la mâchoire de Saint Jean Baptiste, patron des Chartreux, qui est regardé par eux comme le premier solitaire. Item une croix de cristal de roche avec deux chandelliers de même. Item une petite église en forme de quarré long avec son toît au dessus, le tout orné de petites figures d'or massif et semé de fleurs de lys avec la barre ou bâton entre quelques unes, lequel reliquaire formoit, dit on, la chapelle portative du cardinal de Bourbon, et une croix pectorale en or; sous un cristal est un morceau de la vraie croix. Et en plusieurs reliquaires *de S. Cruce* de N. S. J. C.., *de S. Corona ejusdem, de Sanguine ejusdem* imbibé dans une éponge; *de S. Sudario; de Bombice quo extersa sunt vulnera ejusdem; de Vinculis quibus ligatus fuit idem D. J. C.; de Capillis B. M. Virginis; de Zona, Chlamyde et Velo ejusdem; de SS. Apostolis Petro et Paulo, Matthœo, Philippo, Matthiâ; de Camisiâ S. Johannis evangelistœ et capite S. Jacobi; de S. Marco, de S. Barnaba, de S. Bartholomeo, de SS. Stephano, Dyonisio Areopagita, S. Vincentio, Levita et martyre; S. Laurentio, S. Sebastiano et de S. Euphemia, virgine et martyre, de S. Theodora martyre, de S. Colombâ, virgine et martyre; de Ossibus S. M. Jacobi; de S. Martha Virgine.*

Départ de la Chartreuse à six heures du soir, couché au Roule sur le bord de la Seine, où je logeai assez bien, chez Pichon, à l'image Saint Jacques. Il y a encore une autre hotellerie, entre la Chartreuse et le Roule, où je rencontrai le garde chasse de Gaillon, qui étoit du temps du défunt archevêque (Jacques Colbert); je lui demandai comment il trouvoit M. d'Aubigné (parent de M$^{me}$ de Maintenon), successeur du précédent. Il me répondit, en faisant allusion aux armoiries de l'un et l'autre, que le premier étoit une couleuvre et l'autre un lion. Il me fit entendre que le lion le fatiguoit plus que la couleuvre.

Ceux qui prennent à Poissy des batelets pour aller à Rouen les quittent au Roule, à cause du détour que fait la rivière, et ils vont par terre à pied ou sur des mazettes jusqu'au Port Saint Ouen, qui est un trajet de 4 à 5 lieues, après quoi ils se rembarquent jusqu'à Rouen.

Mercredi 3 août, départ à cinq heures du matin, temps couvert et sans pluie comme auparavant; de là au port de Mui (1), où l'on passe la rivière de Seine, puis passant au long de l'église on va au Pin (2), qui est une gentilhommière, d'où l'on descend à Daubeuf †, ensuite on monte assez rudement à Vatteville g., on cotoie Sainteville g. (3), puis on continue le long du Plessis; d'ici à l'abbaye des Deux Amands, il y a une demi lieue. En tout depuis le Roule 4 lieues et demie.

L'église des Deux Amands, desservie par des religieux de la congrégation de Sainte Geneviève, est une longue chapelle partagée, entre nef et chœur, par une cloison de menuiserie avec un jubé. Le chœur à dix hautes chaires et dans son milieu une tombe plate de pierre, qui porte: « Cy gist vénérable et religieuse personne frère Michel Langlois, natif de Neufchâtel, lequel a été Prieur de cette église des Deux Amands, par l'espace de XXVII ans, et a grandement augmenté le dit lieu en édifices, ustensiles, ornemens et revenu, et trespassa l'an de grâce MCCCCIIII$^{xx}$ XIII (1493), le XXVII$^e$ jour de novembre; priez pour luy. » La figure de ce prieur est gravée sur la tombe, qui dans sa partie d'en haut a de part et d'autre dr. et gauche, l'écusson de ses armoiries où l'on voit 3 mains 2 et 1. Sur une autre tombe qui touche la précédente et au dessus en allant vers l'autel, il y a: « Cy gist . . . Ecuyer, sieur de Cantelou (c'est un château au bas de la côte), lequel trespassa l'an de grace MV$^c$III « et tout de suite » : Cy gist noble Damoiselle Olaric Menastein d'un . . . le . . . Laquelle trespassa l'an de grace MV$^c$XIX le 1$^{er}$ jour

(1) Muids.
(2) Buspins.
(3) Senneville.

d'août. » L'Ecusson du mari est une croix cantonnée de 3 merlettes, et celui de la femme est fascé d'argent et d'azur ou de sable. Les deux figures sont gravées avec le visage et les mains de marbre blanc. Sur une autre tombe de pierre comme les précédentes et plate, à coté de celle là, on lit : « Jean de Frisiaur, écuier, qui trespassa l'an de grace M. . . . . 11ᵉ de juing, priez Dieu pour. . . » Le bout d'en haut manque entièrement, aiant été rompu ; la figure et les mains sont de marbre blanc.

J'ai écrit des Deux Amands, quoique dans l'épitaphe de ci dessus, on lise Deux Amans, parce que dans l'ignorance où l'on est de l'origine de ce nom, il y a apparence que ce sont deux personnes et peut être deux frères nommés Amands par leur nom de famille, comme on connoit à Paris plusieurs familles qui le portent ainsi écrit, Amand, lesquels frères ont fondé ou commencé ce monastère, lequel n'est pas une abbaye, mais seulement un prieuré dont la mense appartient aux Jésuites, aiant été unie à perpetuité à quelqu'une de leurs maisons ou à quelqu'un de leurs colléges. Au reste, les chanoines réguliers de Saint Augustin qui y sont établis et qui ont la mense claustrale ne savent absolument rien de leur fondation ; et comme leur église porte le nom de Marie Magdeleine, quand on leur demande d'où vient que le monastère s'appelle des Deux Amans, car c'est ainsi qu'ils l'écrivent, ils ne répondent que des choses insignifiantes (1). Ils ont réparé leur maison en 1685, suivant le millésime qu'on voit à l'une des faces de leur bâtiment, dont celle qui est sur le jardin contient 9 grandes croisées de fenêtres, comprises entre deux pavillons qui en ont chacune deux, ce qui fait treize fenêtres dans un mur de pierre et de briques. Ce monastère est sur la coupe d'une montagne, d'où la vue n'est pas moins belle que celle de Gaillon, et il est accompagné

(1) Voy. Toussaint-Duplessis (t. 2, p. 331). Voir sur l'étymologie ordinaire le *Poéme des Deux Amants*, par Ducis, et une Note de Madame Hauguet (*Œuvres de Ducis*, édition de 1819, 3ᵉ vol, p. 340), qui dit également que la légende ne repose que sur des données incertaines, la tradition du pays. — Ce que l'on peut affirmer, c'est que la charmante légende, donnée par Châteaubriand dans son *Génie du Christianisme*, était parfaitement inconnue des chanoines du xvIIIᵉ siècle.

d'un beau bois de haute futaie avec taillis sur les deux côtes. Cette vue du c. g. donne sur la vallée par où arrive la rivière de Seine et s'étend jusqu'au tournant qu'elle fait vers Louviers et le Pont de l'Arche, qu'on découvre de cette hauteur. De l'autre côté dr. est une vallée par où la rivière de l'Andelle vient se décharger dans la Seine. L'église n'est plafonnée que de bardeau et n'a rien de remarquable pour le bâtiment. Le père Prieur voulut me donner à dîner, mais je le remerciai parce que j'aurais perdu trop de temps. Il me fit voir le réfectoire et m'obligea d'y prendre un doigt de vin. Il me fit aussi promettre de voir à Pont Saint Pierre le Seigneur du lieu qui est curieux des antiquités de ce pays et qui pouvoit m'en instruire. Je partis de là à onze heures pour m'y rendre.

Le bourg de Pont Saint Pierre † est dans la vallée où coule la rivière d'Andelle, qui à demi lieue de là entre dans la Seine. Ce château est sur la même rivière d'Andelle, à la tête du bourg, et a des canaux qu'elle remplit. La maison est antique avec des tourelles et sa cour est fermée par des bâtiments. Les jardins qui s'étendent en long dans la vallée sont ornés par divers compartiments environnés de palissades à hauteur d'appui. Je m'y promenai quelque temps après avoir dîné à l'image Saint Pierre, duquel l'église paroissiale porte le nom. Après que le dîner fut fini au château, je parlai au maître d'hôtel, qui me dit que M. le marquis étoit indisposé et n'avoit pu se mettre à table. Je le priai de lui dire que je n'avois demandé à le saluer que parce que M. le Prieur des Deux Amands, m'avoit engagé à avoir cet honneur. Ce maître d'hotel m'offrit quelque rafraîchissement, je lui dis que je venais de dîner.

Je continuai ma route en rentrant dans le bourg où j'étois arrivé par des bois taillis. Des Deux Amands jusques là, demie lieue; puis jusqu'à Rouen quatre lieues. On monte un coteau qui, après avoir traversé la vallée où l'on passe, a un hermitage qui a le nom de Sainte Clotilde; ensuite on marche dans une cavée, puis dans les bois jusqu'à la Neuville † (1), qui est un village composé d'une longue suite de maisons, qui ont des enclos de haies pendant une demi lieue. Il plût un peu cette après dînée, de là à

(1) La Neuville-Champ-d'Oisel.

Baux † (1), à Francville † (2) dont on laisse à dr. l'église et la barrière, puis au Menil Henar † (3), après quoi la ville de Rouen : *Rotomagus cum portu ad Sequanam*, où mourut Guillaume le Conquérant, roi d'Angleterre en 1088 (*sic*). (9 septembre 1087.)

## § 2. — ROUEN.

J'y arrivai par la montagne Sainte Catherine, d'où l'on descend en passant près d'une chapelle qui porte le nom de sainte Catherine, qui est abandonnée et ne sert plus que de grange. De là, à l'église Saint Paul, † g., au dessous de laquelle coule la rivière de Seine, qui borde le pied de la montagne, il n'y a qu'un pas. On arrive ensuite par une chaussée, bien pavée, à laquelle on travailloit alors pour l'élargir (4).

Il n'étoit que cinq heures quand je découvris du haut de la montagne la ville et les deux vallées à la rencontre desquelles elle est située. Cet aspect est si beau que je restai là jusqu'à six heures. La plus belle et la plus grande des deux vallées s'étend de l'E. à l'O. comme la rivière de Seine, l'autre qui s'y joint est plus serrée et remonte du S. au N. jusqu'au bourg de Darnétal (5), le long de la rivière qui y coule. Le mont Sainte Catherine qui borne la ville du côté de l'E. avoit autrefois un monastère de Bénédictins, qui a été détruit sous le roi de France Henri IV. Après quoi, les Bénédictins ont été placés dans l'abbaye de Saint Ouen. Il reste à un coin de la montagne, c. de la ville, quelques vestiges d'une citadelle, au dessous des ruines de laquelle, est dans la ville, l'ancien châ-

(1) Boos.
(2) Saint-Pierre et Notre-Dame-de-Franqueville.
(3) Le Mesnil-Esnard.
(4) C'est la chaussée dite *Chemin-Neuf* ou *Cours Dauphin*, jetée sur le *Pré-au-Loup*, formée avec des quartiers de roches détachés de la côte Sainte-Catherine, dans la partie Sud.
(5) La direction de cette vallée est inexactement indiquée ; car il ne s'agit ici que de son débouché, qui est du N.-E. au S.-O.

teau, appelé aujourd'hui *le Vieux Palais* (1). Un peu au dessous de ces ruines, il y a une esplanade où est une chapelle carrée bâtie de pierres, accompagnée d'une autre croix aussi de pierre et le peuple va à cette chapelle en dévotion (2) : c'est par cet endroit que je descendis sur la chaussée par un sentier roide et difficile, n'entrant dans la ville qu'à sept heures du soir. J'allai loger rue des Carmes, à l'hôtellerie de la Maison royale, proche et presque vis à vis le couvent appelé les Grands Carmes : il y a encore proche de là, la Ville de Paris, autre hôtellerie.

Le matin jeudi 4 d'août, après être allé donner le bonjour à M$^{me}$ de Graville (elle avoit été obligée de s'y transporter de Paris, pour y poursuivre un procès) logée dans ce voisinage rue du Bec, chez M$^{me}$ Bigot, marchande de toile vers le bout qui joint la rue des Juifs, j'allai à la cathédrale qui porte le nom de Notre Dame. Devant son grand portail est un grand parvis, où il y a une fontaine de pierre, avec un bassin construit aussi de pierre qu'elle remplit par des tuyaux qui s'y déchargent. Les églises en avoient aussi anciennement et la coutume étoit de s'y laver la bouche et les mains avant que d'entrer dans l'église. Les bénitiers y ont suppléé depuis, en se contentant aujourd'hui d'y tremper le bout du doigt. Ces bénitiers étoient d'abord en dehors, comme on le voit à Paris au couvent des Jacobins de la rue Saint Jacques, et à celui des Carmes de la place Maubert, et aussi à Etampes, à l'église des Cordeliers. Ce qu'on vient de remarquer prouve qu'il est inutile, en sortant d'une église, de retremper de rechef sa main dans le bénitier.

Le portail de cette cathédrale est d'architecture gothique assez délicate, quoiqu'en son tout il ne soit pas beau (3). Sa face regarde l'occident et par

(1) Ce passage est peu clair ; l'auteur veut dire, peut-être, le *Vieux-Fort*, portion primitive des fortifications de la côte Sainte-Catherine. Voir : *Notice sur la côte Sainte-Catherine*, par M. L. Duranville, et *Note explicative* de M. André Pottier, *Revue de Rouen*. Le *Vieux-Palais* était une citadelle à l'extrémité Ouest de la ville.

(2) C'est la *Chapelle du Pricuré Saint-Michel* et un *Calvaire*, dont on voit encore quelques restes aujourd'hui.

(3) Généralement on fait plus de cas de l'ensemble du portail de la Cathédrale.

conséquent le maître autel est à l'Orient : il contient trois entrées, dont celle du milieu est plus grande, les deux moindres sont bornées chacune par une grosse tour, qui se joint à deux plus petites, dont les pyramides sont ruinées, excepté celle qui est la plus proche de la grosse tour c. ép. Cette grosse tour est la plus belle et s'appelle la tour de Beurre, parce que du temps du pape Innocent VIII, les deniers amassés pour obtenir la permission d'user en carême de lait et de beurre, furent employés à la bâtir. A la cathédrale de Bourges, il y a aussi un portail qui porte un pareil nom pour la même raison. Celle ci de Rouen est percée à jour et a 38 toises de hauteur ; elle n'a qu'une cloche qu'on appelle Georges d'Amboise.

L'église a onze arcades pour la nef : la croisée trois dans chacun de ses bras, et le chœur dix jusqu'au tournant du chevet qui en contient cinq. L'architecture des piliers de la nef est moins simple que celle du chœur, ceux ci n'ayant qu'une colonne ronde sans ornements inutiles, au lieu que les piliers de la nef sont chargés de petites colonnes superflues. Il y a des deux côtés de la nef et du chœur une allée tournante, dans laquelle, derrière le chœur, est l'enfoncement d'une chapelle profonde qui a trois arcades de vitres, outre quatre autres qui achèvent le tournant.

Cette chapelle a plusieurs monuments et de belles vitres ; mais celles du fond sont cachées par une menuiserie qui élève le retable de l'autel jusqu'à la voûte, ce qui gâte cette partie, quoique l'ouvrage de menuiserie soit peint et doré. L'autel porte le nom de la vierge Marie ; on y voit un tableau de la Nativité de N. S. J. C. qui est assez bon (1). Sous les vitres de la troisième arcade de cette même chapelle, c. ép. est le tombeau du cardinal Georges d'Amboise, fait de marbre blanc et orné de figures de plein relief. La principale le représente à genoux, en habit de cardinal, et derrière lui son neveu (2), aussi à genoux, avec un pareil habit. A la face du devant de ce tombeau est cette inscription, qui concerne l'oncle, sur un marbre noir :

(1) On trouve même très bon le tableau de l'*Enfant Jésus adoré par les Bergers*, qui est de Philippe de Champagne.

(2) Georges d'Amboise, II<sup>e</sup> du nom, archevêque de Rouen, comme son oncle, fit faire ce beau mausolée.

2

Pastor eram cleri, populi pater, aurea sese
   Lilia (1) subdebant, Quercus (2) et ipsa mihi.
Mortuus en jaceo, morte extinguuntur honores ;
   At virtus mortis nescia morte viret.

Tous ces mots sont écrits avec un point qui les sépare. Outre cet épitaphe, il y en a un autre de chaque côté de celui là, sur du marbre noir. Celui du coin le moins éloigné de l'autel porte (3): *Georgio Ambasio*, *S. R. E. cardin. et in Gall. leg. ac in Neustr. rect. Rothom. q. præsu. reverendis. Humbertus Villietus Aquen. Allobrox. dicavit.* — Gallia et Viator interlocutores.

*Viat.* — Quid tumulus? Quid pulla volunt altaria? Quidve
   Gallia funebres induis alma togas ?
*Gall.* — Spes mea disperiit, cecidit mea sola voluptas,
   Cardinei cœtûs firma columna ruit.
*Viat.* — Quis precor? — *Gall.* — En nescis? proles Ambasia, præsul,
   Rothomagi splendor, palma, triumphus, honor.
Legatus Gallis diadema Georgius orbis
   Sprevit, sancta putans sceptra nefas emere.
Liliger hoc duce Rex Aquilas Colubrosque subegit
   Fulvaque de Veneto terga Leone tulit (4).
Ejus et auspiciis statuens hac urbe senatum,
   Rex pius et leges et nova jura dedit.
Quid remoror? periere fides, pax, gloria, virtus,
   Justitiæ columen, vel pietatis amor.
*Viat.* — Pone tuos luctus, nam sidera spiritus implet,
   Fama viros ; cineres pignus amoris habes.
Spiritus e cœlis populi pia vota secundat,
   Excolito cineres Gallia læta pios.

(1) Les Lys, le roi de France Louis XII.

(2) Le pape Jules II, de la maison de *Rovere,* qui signifie chêne (*Robur*), ici *Quercus.* Ses armes étaient d'*azur à un chêne d'or englanté de même.*

(3) Ce passage fixe la place de deux épitaphes que M. Deville déclarait ne « pas être trop possible d'assigner aujourd'hui. » *Tombeaux de la Cathédrale,* p. 78.

(4) Armes des pays contre lesquels la France avait fait la guerre, l'Empire et Venise.

*Gall.* — Thura dabo et læto redolentia balsama vultu,
Inque suas laudes nostra Minerva canet.
Jamque vale et tumulum rogito, reverenter adora ;
Jamque vale, et cœptum perge, viator, iter (1).

A l'autre epitaphe du coin opposé on lit : *Tumulus R. D. Georgii de Ambasia cardi. in Francia legati, Neustriæ Moderatoris atque Rothomagensis Archipræsulis dignissimi.*— Après cela des vers, qui donnent à l'oncle les mêmes louanges que cidevant, et qui expriment que l'oncle et le neveu sont sous la même tombe (2). Elle est platte et de marbre noir, et, au bas de la face susdite du monument, il y a deux grands ronds de marbre blanc, posés en pal, au milieu des quatre autres plus petits, qui remplissent les deux coins et qui paroissent avoir eu quelques figures usées et effacées. C'est sous le roi Louis XII que vivoit ce cardinal d'Amboise, oncle, ministre d'Etat et intendant des finances, et d'ailleurs Cardinal, Archevêque de Rouen et Légat en France et à Avignon.

De l'autre c. év. il y a sous la deuxième arcade de vitre, un monument où sur un cheval caparaçonné, on voit un cavalier avec le casque en tête, et, sur son caparaçon, un écu enfermé dans un orle et environné de huit croisettes. Dans la face au dessous, il y a un marbre noir, à l'endroit le plus éloigné de l'autel, on y lit : « Loys de Brezé, en son vivant chevalier de l'ordre, premier chambellan du roi, grand sénéchal, lieutenant général et gouverneur pour le dit Sieur en ses pays et duché de Normandie, capitaine de cent gentilshommes de la maison dud. S$^r$ et de cent hommes d'armes de ses

(1) Cette longue inscription figurait déjà dans l'*Histoire de la ville de Rouen* ( par Farin) 1678, 3 vol. in-12, et dans les éditions suivantes. Si nous la rapportons, c'est pour publier intégralement le manuscrit de l'abbé Bertin, qui va bientôt nous donner sur les autres églises de Rouen des détails d'autant plus curieux que ses remarques sont antérieures aux grands ouvrages d'érudition, touchant la même matière, la *Gallia christiana*, par exemple, qui est de 1759. Ce sont des travailleurs et des chercheurs de ce genre qui ont contribué à en amasser les matériaux.

(2) L'inscription en vingt vers latins est rapportée par Farin, ainsi que celle de Louis de Brézé qui va suivre.

ordonnances, capitaine de Rouen et de Caen, comte de Maulévrier, baron de Mauni et du Bec Crespin, seigneur chastelain de Nogent le Roi, Annet Bréval et Montchauvet. Après avoir vécu par cours de nature en ce monde jusqu'à l'âge de LXXII ans, la mort l'a fait mettre en ce tombeau pour retourner vivre perpétuellement. Lequel décéda le dymence XXIII<sup>e</sup> jour de juillet MV<sup>c</sup>XXXI (1). » L'autre marbre noir, aussi à côté de celui là dans la partie la moins éloignée de l'autel, porte épitaphe de Monseigneur le grand sénéchal de Normandie et contient des vers françois pour éloge de la même personne. Entre ces deux marbres et inscriptions, est la figure pédestre du même sénéchal, ornée du collier de Saint Michel, laquelle montre d'une de ses mains un sépulchre, où le corps est couché sur une tombe de marbre noir. Toutes les figures sont ici de marbre blanc; au dessus du premier marbre noir, on lit ces vers :

>Hoc, Lodoice, tibi posuit, Brezææ, sepulchrum.
>Pictonis amisso mœsta Diana viro.
>Individua tibi quondam et fidissima conjux,
>Ut fuit in thalamo, sic erit in tumulo (2).

A la hauteur de cette figure, représentée en cavalier, sur un rebord de marbre noir et de niveau à sa tête, il y a quatre figures de marbre blanc, qui représentent autant de vertus. De plus à l'un des piédestaux, qui les soutiennent, est un écusson terminé en pointe avec six besans en orle, autour de l'écu. Du côté ép. au pilier d'entrée, la 1<sup>re</sup> et 2<sup>e</sup> arcade de vitres, il y a sur une pierre blanche cet épitaphe (3) : « Cy gist le

---

(1) Publié dans Farin, qui ne parle point du dimanche, met 13 au lieu de 23 juillet, et ne dit rien de la place des inscriptions. — M. Deville est plus fidèle, p. 120.

(2) Diane de Poitiers ne fut point réunie dans le tombeau à son époux; Henri II lui fit élever à Anet un mausolée qu'on voit au palais des Beaux-Arts, à Paris.

Farin cite les vers français dont il est question, donne une traduction en vers français de ces vers latins, et M. Deville a traduit toutes ces épitaphes dans les *Tombeaux de la Cathédrale*.

(3) La place précise de ces précieux dépôts n'est point indiquée dans les ouvrages où il est question des sépultures de la cathédrale.

cœur de noble et puissant, très vaillant et très vertueux seigneur, Messire Charle de la Rochefoucault, chevalier de l'ordre du roi, capitaine de cinquante hommes d'armes de ses ordonnances et colonel de toutes les bandes et infanterie de France, baron de Celfrein et du Luguet, Seigneur de Randan, de Sigoignes, des Pins et de Bezard, lequel en son vivant eut l'heur de traiter et faire la paix entre les royaumes de France et d'Angleterre et d'Ecosse, au temps du roi François II$^e$. Et fut blessé à l'assault, prinse du mont Sainte Catherine, dont il mourut le 4$^e$ jour de novembre 1562.» (1) Son écusson est au dessous fascé de gueules et de sable avec trois chevrons sur le tout et est orné du cordon de Saint-Michel.— Au même côté ép. sont quelques autres monuments, mais sans inscriptions (2), l'un que l'on croit être la sépulture de Raoul Roussel, archevêque de Rouen, qui assembla un concile en 1445 et mourut en 1452 ; au fond à gauche est un autre tombeau qu'on dit être d'O. Rigault, aussi archevêque de Rouen, qui aiant été cordelier a conservé en plusieurs actes le titre de frère, Frater Odo. Ses statuts de réformation pour l'église collégiale et paroissiale de N. D. de la Ronde ou de la Rotonde et dont le doyen est curé, furent faits à l'instance de saint Louis roi de France, en 1253. Le bâton pastoral qu'on voit sur la tombe de ces archevêques n'est pas recourbé en crosse, mais finit en pomme ou en bouton. Dans cette église de la Ronde, il ne se dit qu'une haute messe pour le chapitre et les paroissiens. Dans le chœur, c'est un ange de cuivre de grandeur humaine, qui sert de lutrin par un pupître, qui est attaché devant et derrière. Au grand portail de l'église la statue de la Vierge ne fait qu'un même corps avec le pilier et est estimée par les sculpteurs (3).

Au c. év. de la chapelle de la Vierge est encore sans inscription (4) le tombeau de Guillaume de Flavacourt, mort le 6 d'avril en 1306. Dans l'un des

(1) Agé de trente-sept ans, ajoutent Farin et M. Deville.

(2) Il n'en existait plus, il paraît, quand Bertin faisait son voyage ; mais celle de Roussel est citée par M. Deville, aussi bien que celle d'Eudes Rigaut.

(3) Cette église était au coin de la rue Thouret, du côté de la Grande-Rue, et les détails donnés ici ne sont pas dans Farin.

(4) Détruite par les Calvinistes en 1562, et conservée par M. Deville, p. 215.

bras de la croisée c. év. au coin du mur qui joint le bas côté de la nef, il y a un escalier de pierre pour monter à la bibliothèque. L'inscription au-dessus de la porte est en ces termes :

> Si quem sancta tenet meditandi in lege voluntas,
> Hic poterit residens sacris intendere libris.

Elle est publique soir et matin, excepté le jeudi et les fêtes et dimanches. Je n'y suis pas entré, parce que le bibliothécaire étoit absent. Le milieu de cette même croisée a dans la voûte une ouverture de forme quarrée et cette ouverture s'élève assez haut, étant éclairée dans ses quatre faces par quatre fenêtres, au dessous desquelles paroit un rang de fausses galeries. Sur cette ouverture est une pyramide couverte de plomb, comme l'est tout le toit de l'église. Cet ouvrage d'architecture est assez beau ; il commence en forme de tour, puis il finit en flèche formant un petit clocher. La longueur de cette croisée du fond de l'un à l'autre est de 70 de mes pas ou de 27 toises (1).

La longueur de toute l'église, y compris la chapelle de la Vierge, où sont les tombeaux susdits, est de 170 de mes pas et d'environ 69 toises. Le chœur et la nef ont des galeries au dessous des fenêtres vitrées et chacun des bas côtés a un rang de chapelles tout du long. Le jubé qui sépare le chœur de la nef a un autel en face de la nef, à chacun des côtés de la porte du chœur.

Dans la nef, vis à vis du crucifix, est la tombe de saint Maurille, Archevêque de Rouen, qui tint plusieurs conciles et qui a achevé le bâtiment de l'église. Son épitaphe gravé sur une lame de cuivre ne marque point l'année de sa mort ; mais on sait d'ailleurs qu'il mourut en 1067.

L'inscription porte :

> Humani cives, lacrymam nolite negare
> Vestro Pontifici Maurilio monacho.
> Hunc Remis (2) genuit, studiorum Legia (3) nutrix
> Potavit trifido fonte philosophico.

(1) Hyacinthe Langlois donne 164 pieds, depuis le portail des Libraires jusqu'à celui de la Calende, *Notice sur l'incendie de la Cathédrale de Rouen*, p. 38. Pour la longueur, il donne 408 pieds, 88 pour la chapelle de la Vierge, 110 pour le chœur, 210 pour la nef.

(2) Reims.

(3) Liége.

Vobis hanc ædem cœptam perduxit ad unguem,
Lætitia magna fecit et encenia.
Quum tibi, Laurentî, vigilat plebs sobria Christi,
Transit, et in cœlis laurea festa colit (1).

On peut fixer le temps de cette fabrique achevée au milieu du xi<sup>e</sup> siècle. On dit que sous la même tombe est aussi le cœur du cardinal d'Estouteville, aussi archevêque de Rouen.

A la dixième arcade de la même nef, c. év., répond la chapelle de Sainte Anne, où l'on voit au mur qui regarde l'autel, une figure de pierre en plein relief, laquelle, à côté de sa tête, a de part et d'autre un ange dont chacun tient le coussin sur lequel elle est appuyée. Cette figure est debout sur ses pieds, sous lesquels est un chien ou un loup. On y lit ces paroles : « Guillaume Longue Epée, duc de Normandie en 942 » (2), le surplus de l'épitaphe porte :

Panem canonicis in honorem Dei genitricis
Contulit (3).

Il était fils de Rollon I<sup>er</sup>, duc de Normandie. De ce même côté év. et derrière la même chapelle, est le chapitre et au milieu de la place, il y a un tombeau de marbre blanc sans légende, mais une inscription sur la muraille porte :

Relligio tua, larga manus, meditatio sancta,
Nos, Guillelme, tuum flere monent obitum, etc.

C'est l'archevêque Guillaume Bonne Ame qui, après avoir fait construire ce chapitre, mourut en 1110. Cette année n'est point marquée dans l'épitaphe, qui pour le surplus ne contient qu'un éloge. La saison de l'année y est seulement désignée par ces deux vers qui finissent l'inscription :

(1) D'après l'épitaphe, ce serait la veille de Saint-Laurent, ou le 9 août. Elle a été publiée par Farin.

(2) C'est l'année de sa mort, et ce français est la traduction abrégée des deux premiers vers.

(3) Le reste de l'inscription, dont ce vers est le troisième, est citée par Farin et M. Deville.

Fine bono felix biduo ter solveris ante
Quam pisces solis consequerentur iter.

ce qui marque le mois de février. De plus le même épitaphe porte :

Fratribus hanc ædem cum claustro composuisti.

D'où l'on peut apprendre qu'au commencement du XII<sup>e</sup> siècle, les chanoines vivoient encore en communauté, et c'est d'où est resté jusqu'à présent le nom de cloître à la demeure où ils habitoient. Enfin de l'autre côté de la nef, c'est à dire c. ép. et au même rang des chapelles est celle de Saint Romain, où sur le mur qui fait face à l'autel, est en plein relief une figure de pierre, qui est debout avec les mains jointes et la tête couronnée, aux côtés de laquelle sont comme à la précédente des anges qui tiennent le coussin sur lequel elle repose ; sous les pieds de cette figure, il y a deux animaux qui se tournent le dos (1) et qui paraissent être deux léopards ; le tout sans inscription. On dit que c'est Rollon I<sup>er</sup>, duc de Normandie, nommé ci devant.

Au bas de la nef même côté ép. répond aux deux premières arcades une chapelle enfoncée qui porte le nom de Saint Etienne et tient lieu de paroisse.

Au milieu du chœur de la même Cathédrale de Rouen, proche l'aigle de cuivre qui sert de lutrin, il y a un grand tombeau de marbre noir, élevé de 4 pieds, sur lequel est en même marbre la figure d'un prince couché sur le dos qui tient son cœur dans sa main droite. C'est Charles V, roi de France, bienfaiteur de cette église dont le cœur y a été apporté et enterré dans cet endroit (2). Près de la porte collatérale du chœur, on lit sur une plaque de cuivre au pilier qui commence la 4<sup>e</sup> arcade cette inscription : « L'an de grâce mil cinq cents et six au mois de janvier, le Roy Louis XII de ce nom, donna et

---

(1) Le graveur, dans l'ouvrage de M. Deville, n'a reproduit que les extrémités de quatre pattes d'un seul animal, un chien, d'après l'auteur des *Tombeaux de la Cathédrale*.

(2) Peu de temps après, ce tombeau fut enlevé par le chapitre lui-même, pour la transformation du sanctuaire. Voir sur la cérémonie de la translation du cœur, M. Bouquet, *Recherches sur les Sires de Blainville*, p. 17, et M. l'abbé Cochet, *Découverte du cœur de Charles V*.

òctroya aux doyens et chanoines de ceans faculté de prendre chacun un deux muids de sel au grenier de cette ville de Rouen, en payant le droit du marchand seulement, pour icelui sel distribuer entr'eux, à la charge de célébrer dedans le chœur de cette église, doresnavant par chacun an, le douzième d'août, un anniversaire et obit solemnel, en la forme et manière que se font et ont accoustumé estre faits et célébrés en cette église pour le feu Roy Charles le Quint, que Dieu absolve, et avec ce que le dit S$^r$ sera associé et participant à tous jours, en toutes les prières et oraisons qui se feront doresnavant en la dite eglise ; le tout selon qu'il est plus amplement contenu es lettres et chartres données et octroyées par le dit seigneur au doyen et chanoines » (1). Tous les soirs on exhorte le peuple de Rouen à prier Dieu pour le même roi de France, Charles V, et pour les autres bienfaiteurs (2).

Dans le cancel de l'autel c. év. il y a un tombeau où est le cœur de Henri, fils de Henri II, roi d'Angleterre, duc de Normandie, et au 2$^e$ pilier tournant, même c. il y a sur une lame de cuivre historié : « Cy gist feu de noble mémoire très haut et très puissant prince Jehan, en son vivant Régent du Royaume de France, duc de Betford, pour lequel est fondé une messe estre chacun jour perpétuellement, célébrée à cet autel par le collège des Clementins, incontinent après prime, et trespassa le XIIII$^e$ jour de septembre l'an MCCCCXXXV, auquel XIIII$^e$ jour semblablement a fondé par lui obit solennel en cette église. Dieu face pardon à son âme. (3) » Au-dessus de cette légende, il y a un écusson dont l'armoirie effacée laisse voir la jarretière qui l'entoure avec ces paroles : *Honni soit qui mal y pense.*

Au c. ép. du même cancel il y a sous un tombeau le cœur de Richard Cœur de Lion, roi d'Angleterre et duc de Normandie et d'Aquitaine, frère aîné de Henri mentionné ci dessus.

Le maitre autel du chœur est isolé et il a le saint ciboire suspendu sous un dais inutile dans une église voûtée, et sous un petit pavillon d'étoffe,

(1) Nous ne pensons pas que cette inscription ait été publiée. Dom Pommeraye (*Hist. de la Cathédrale*) p. 590, n'en parle pas et dit qu'on pourra voir ailleurs la charte de cette donation.

(2) Voir Farin, tome II, V$^e$ partie.

(3) Dom Pommeraye ne parle point de cette inscription, qui a été donnée par M. Deville, en lettres gothiques, avec toutes ses abréviations.

autre ornement superflu. Ce maître autel a un retable de pierre jusqu'à la moitié de sa hauteur ; le reste s'élève encore fort haut et cache ce qui étoit derrière et c'est ce me semble, un petit autel détruit, où l'on montoit par deux rampes de pierre de huit marches c. ép. et de cinq c. év. D'autres croient que c'étoit la chaire épiscopale, dont il y a encore deux morceaux de pierre qui en étaient le pied. La table de l'autel est belle et fort grande. Il est enfermé entre quatre grands rideaux qui s'ouvrent et se ferment quand il en est besoin et qui sont soutenus par quatre colonnes de cuivre, surmontées d'autant d'anges, du même métal, qui tiennent chacun un chandelier : ce qui est selon les règles. Mais au dessus du rétable, il y a de part et d'autre une figure de la Vierge Marie et entre cette double image un tableau, qu'on dit être de la main de Michel Ange ; au dessus duquel tableau est un ange agenouillé qui de ses deux mains tient le saint ciboire de la suspension. Outre le maître autel il y en a encore deux petits qui l'accompagnent l'un à dr. l'autre à g. ce qui est contre les règles (1). Il est remarquable que tous les jours de fête, c'est à dire qui ne sont pas d'office simple ou de féerie, on encense au *Benedictus*, à la messe et à *Magnificat* les trois tombeaux dont il est parlé ci dessus, savoir : de Charles V, de Richard Cœur de Lion et de Henri son frère (2). On peut remarquer que l'espace du maître autel et de ce qui est derrière, est sous une grande coupole ou portion de la voute faite en forme d'abside, laquelle est néanmoins de la même hauteur que tout le reste de la voûte de l'église, au lieu que la chapelle de l'enfoncement où l'on a dit ci dessus que sont les tombeaux d'Amboise est plus basse de voute et paraît comme un surcroît de bâtiment fait pourtant de même temps et de pareille construction.

Les chaises ou formes du chœur et la chaise archiépiscopale, qui les termine proche la porte collatérale c. ép. ont été faites et placées vers le milieu du xv$^e$ siècle, du temps du cardinal d'Estouteville. Les chanoines

---

(1) Ce passage est on ne peut plus curieux pour donner l'état du chœur, avant les travaux opérés par le chapitre au commencement du xviii$^e$ siècle.

(2) Henri-le-Jeune, fils de Henri II, roi d'Angleterre, mourut le 10 juin 1183 ; Richard-Cœur-de-Lion, son frère, le 6 avril 1199 ; Charles V, 16 septembre 1380.

chantent sans livres, excepté les leçons et les capitules et les collectes. De plus il n'y a que les grands chanoines qui puissent dire la messe au grand autel du chœur, ou y servir de diacre et sous diacre. On se levoit au milieu de la nuit pour dire les nocturnes ou vigiles, ce qui a duré jusques vers l'an 1325 et les vêpres ne se disoient qu'*imminente nocte*, de sorte qu'on allumoit alors les chandelles. Cette dernière des heures canoniales s'appelloit *Lucernalis hora*. J'ai vu dans un voyage précédent chanter l'épître avec le graduel et sa suite et l'évangile dans le jubé, où le diacre, en y allant, porte le livre de l'évangile appuyé sur son épaule g. La solennité des fêtes et des dimanches commençoit par la cessation des œuvres serviles, dès les premières vêpres de ces fêtes et dimanches. Et alors on fermoit les portes de la ville pour empêcher les voitures d'en interrompre la solennité commencée. Ce que j'ai remarqué en Languedoc dans la petite ville de Saint Benoit d'Aniane (1), où arrivant un dimanche matin, nos chevaux ne purent entrer, que par la permission du magistrat, qui envoya les clefs : le guichet étant trop petit pour les y faire entrer avec nos valises. Cela duroit jusqu'après les deuxièmes vêpres, moins solennelles que les premières : après quoi, on reprenoit le travail.

A côté du parvis de la Cathédrale de Rouen, il y a un prieuré paroisse, qui a le nom de Marie Madelaine (1). C'est l'Hostel Dieu desservi par des chanoines réguliers de St Augustin pour l'office divin et par des chanoinesses régulières du même ordre pour le service des malades.

La Maison Archiépiscopale est jointe en dehors c. év. à la Cathédrale, et l'on y voit une galerie nouvellement faite, et une chapelle à laquelle on travailloit encore, et où est l'écusson des armoiries de l'Archevêque d'aujour-

(1) Département de l'Hérault.

(2) Construit vers le XIII<sup>e</sup> siècle. — Voir Farin, 5<sup>e</sup> *partie*. La *rue de la Madeleine* lui doit son nom. Il était, place de la Calende, au haut de la *rue du Bac*, qui s'appelait alors *rue des Pannetiers*. L'ancienne église de l'Hôtel-Dieu était située *rue de la Madeleine*; mais étant tombée en ruines, elle fut remplacée, en 1508, par une autre dans la *rue du Change*. C'est de celle-là que parle l'abbé Bertin. — Voir P. Périaux, *Dictionnaire des Rues et Places de Rouen*, p. 143.

d'hui (1), qui, parce qu'il a été Evêque avec la qualité de comte et pair de Noyon, a fait mettre à cet écusson un manteau de Pair de France ; ce qui fera peut être croire un jour que les Archevêques de Rouen ont le privilége d'en user ainsi.

Après la ville de Paris, il n'y a peut être point de ville en France, où il y ait plus d'églises paroissiales ; car on y en compte 35, outre la paroisse de la Cathédrale, y compris les faubourgs. Les principales sont celles de la Cathédrale, de N. D. de la Ronde, celle de St Cande le Vieil qui est aussi collégiale et n'a que quatre chanoines, qui font la fonction de curé, chacun par semaine. Leur doyen perpétuel est l'évêque de Lisieux ; celle de St André, celle de St Etienne des Tonneliers, celle de St Maclou, qui est d'une grande étendue en paroissiens ; celle de St Godard ; celle de St Laurent, celle de St Gervais, hors la porte Cauchoise ; St Sauveur ; celle de St Herbland, proche le parvis de la Cathédrale, St Vivien, etc. (2).

Dans l'église collégiale de St Georges, qui n'a que quatre chanoines avec quatre chapelains à leurs gages, on ne dérange point les vêpres pendant le carême ; elles se disent l'après dinée comme dans les autres tems (3).

Dans l'église de St Cande le Vieil (4), le ciboire des hosties consacrées est gardé dans un pilier du cancel c. év. et non pas sur l'autel, dans un tabernacle ou dans une suspension. A l'église St André, la même chose se con-

---

(1) Claude Maur d'Aubigné, qui occupa le siége en 1707, et mourut le 21 avril 1719. Il augmenta considérablement le palais archiépiscopal, aussi bien que le château de Gaillon. — Voir Farin, 3ᵉ *partie*.

(2) Tout le diocèse comprenait 1,388 églises paroissiales, et Rouen en comptait alors une quarantaine, dont vingt-cinq ont été supprimées à la Révolution et une cinquantaine de chapelles au moins.

(3) Elle s'appelait autrefois *Saint-Sépulcre* ; c'est le peuple qui, au commencement du XVIIᵉ siècle, lui donna le nom de Saint-Georges, à cause de l'image de ce saint à cheval, qu'on y avait placé. — Voir Farin, 5ᵉ *partie*, et une *Notice* de M. de la Quérière, 1861.

(4) Sur l'emplacement de la *place Gaillard-Bois*, et qui avait donné son nom à la rue *du Bac* actuelle.

servoit autrefois dans un pilier c. év. où il reste une petite armoire (voy. plus loin), dans laquelle on met encore le S. Sacrement, le jeudi saint et le vendredi suivant. Depuis quelque temps il étoit au haut du contretable de l'autel dans une lanterne de menuiserie dorée et sous des verres. Enfin on l'a mis sur l'autel dans un tabernacle. Dans l'église St Etienne des Tonneliers (1), on voit encore aujourd'hui les gonds de la petite armoire c. év., proche l'image de St Etienne, où il étoit aussi gardé. Dans cette église, on voit à ses cinq autels une piscine à côté de chacun pour laver les mains du prêtre, soit au *lavabo*, qui se dit après l'offrande, soit pour y verser la rinçure de ses doigts restée dans le calice, après la communion. Dans cette église on n'exige rien ni pour l'administration des sacrements, ni pour les enterrements des défunts, et les pauvres y sont inhumés avec autant de cérémonies que les riches.

La communauté des chanoines réguliers de St Augustin qui sont de la congrégation de Ste Geneviève, ont le nom de St Lau, St Laudus, et ils étoient autrefois chanoines séculiers, qui ont subsisté en cet état jusqu'en 1144. La prise d'habit et la profession s'y faisoient ci devant en même temps et par une seule et même cérémonie. Ils ne jeunoient point les jours de fêtes, si ce n'est à celles qui arrivent pendant le carême et l'avent. C'est pourquoi aux quatre temps de septembre, quand la fête St Lau arrivoit ces jours là (2), ils anticipoient ces trois jours de jeûne dans la semaine précédente et ne jeûnoient point le jour de cette fête (3). Dans la ville de St Quentin on ne jeûne point non plus le jour de St Quentin, qui arrive le jour de la Toussaint, et le jeûne s'anticipe d'un jour ; ce qui s'est fait avec l'approbation du Pape (voy. plus loin).

(1) Subsiste encore à usage de magasin ; avait son entrée principale sur la *rue des Iroquois*.

(2) Généralement Saint-Lô ; cette fête tombe le 22 septembre.

(3) Les mêmes détails se trouvent dans Le Brun des Marettes, *Voyages liturgiques en France*, publiés en 1718, où il consacre les pages 264-424 à la liturgie des églises de Rouen. — Mais Bertin, qui fait son voyage au mois d'août 1718, connut-il ce traité, ou bien ne fit-il que constater ce qu'il voyait, aussi bien que Le Brun des Marettes. C'est une question que l'indication même du mois où parut l'ouvrage ne résoudrait pas encore.

Il y a à Rouen une communauté de chanoinesses régulieres de St Augustin, nommées les Filles Dieu (1), qui auparavant n'étoient que de simples filles vivant du travail de leurs mains et allant les dimanches et fêtes à l'église St Eloi leur paroisse, ce qui a duré jusqu'en 1345. Alors le pape Clément VI leur permit de prendre le voile, sous la règle de St Augustin, avec un habit blanc, qu'elles ont quitté pour prendre l'habit noir, depuis que les Bénédictins ont été leurs directeurs.

Il y a proche des halles, la Vieille Tour qui est percée à jour (2); c'est où le prisonnier va lever la Fierte, *Feretrum*, de St Romain et reçoit son pardon. Au milieu de la place où est cette tour, il y a une fontaine en pyramide triangulaire au haut de laquelle est une statue d'Alexandre le Grand (3).

L'église St Maclou est d'une belle architecture, et ses portes sont d'une sculpture et structure remarquables (4); elle a 23 toises en longueur et 12 de largeur. Sur le milieu de la croisée, il y a une lanterne vitrée et le reste finit en pointe (5). Il y a des galeries au dessous des vitres, le long de la nef et du chœur qui est fermé par un jubé (6).

L'église St Godard, St Gildardus, est à peu près grande comme celle de

(1) Ce nom leur fut donné à cause de leur sainte vie, et leur communauté était située dans la *rue du Vieux-Palais*.

(2) L'abbé Bertin se trompe. Le nom de *Vieille Tour* venait de l'ancienne tour du château que Richard I$^{er}$ avait fait bâtir sur l'emplacement où l'on a élevé depuis des halles. Elle a été détruite par Philippe-Auguste en 1204. La chapelle ouverte de tous côtés, dont il est question, a été construite en 1542, à la place d'une autre qui menaçait ruine. — Voir Farin et M. Floquet, *Histoire du Privilége de Saint-Romain*.

(3) Farin en parle également, 1$^{re}$ *partie*; mais il ne s'agit point d'une statue : « Elle
» étoit faite en pyramide au haut de laquelle *étoit gravée* la figure d'Alexandre-le-
» Grand avec ses ornements, mais qui, à présent, ne paraît point, non plus que le
» haut de cette pyramide. »

(4) M. Ouin-Lacroix, *Histoire de Saint-Maclou*, a démontré qu'elles sont dues à Jean Goujon, p. 19 et suivantes.

(5) La flêche a été descendue en 1796.

(6) Il n'existe plus.

St Maclou. On y voit de belles vitres, surtout à la chapelle St Nicolas. Le saint dont cette église porte le nom étoit archevêque de Rouen et y a été enterré. Saint Romain, aussi archevêque de Rouen, y avoit été enterré, mais son corps en a été transféré vers la fin du XI° s., et son cercueil est demeuré vuide dans une crypte du chœur c. év. (1).

L'église St Gervais étoit l'ancien cimetière de la ville. S. Mellon, premier Archevêque de Rouen, y est enterré dans une crypte, devant le crucifix qui est à la tête de la nef (2).

Dans l'église St Herbland, les chappiers se promènent aux fêtes solennelles dans la nef aussi bien que dans le chœur, et la même chose se fait aussi dans l'église paroissiale S. Michel à Dijon.

Selon le Manuel de Rouen de 1640, l'usage est en administrant le sacrement de l'extrême onction, de mettre de la cendre en forme de croix sur la poitrine du malade, avant les onctions de l'huile, en disant : *Memento, homo, quia pulvis es et in pulverem reverteris.*

Dans l'église des chanoines réguliers de St Lau, il y a, dans une chapelle c. ép., proche le chœur, sur le mur c. ép. un petit monument de marbre blanc où on lit sur un marbre noir : « *Hic jacet nobilis Susanna de Monchi, mater et ancilla pauperum, quæ LXXVII° suæ ætatis anno plena operibus bonis obdormivit in domino, die quarto julii, anno Domini MDCXCVII.* » Son écusson en losange est chargé de trois maillets (3). De plus dans le chœur, au bas du cancel, c. ép. sur une tombe noire, on lit en lettres unciales : « Tombeau de Messieurs de Brinon, priez Dieu pour leurs âmes. » De plus, dans l'aile c. év. contre le mur, il y a un tombeau de marbre noir, élevé de six pieds, qui porte deux figures de marbre blanc, homme et femme, l'une derrière l'autre à genoux. Et sur un marbre noir, attaché à la muraille, on lit : « Cy gyt M^re Jehan de Bauquemare, chevalier et seign. du dit lieu et

---

(1) Ce tombeau en marbre rouge de Thorigny a été transporté, le 20 février 1804, dans l'église Saint-Romain, où il sert de base au maître-autel.

(2) Il est question de ce crucifix dans une quittance de 1760, citée par M. Thieury, *Saint-Gervais de Rouen*, p. 14.

(3) Cité par Farin, VI° partie, moins le détail des armoiries.

de Bourdeny, cons$^{er}$ du Roi en ses conseils d'Etat et privé, et M$^e$ des requêtes ordinaires de son hôtel, lequel décéda le 13$^e$ jour de novembre 1610, et dame Anne de Hacqueville, sa femme, dame d'Ozenbray, Marcouville et la Morlaie, laquelle décéda le 5$^e$ jour d'août 1638. Priez Dieu pour leurs âmes (1). »

Puis, sur un autre marbre qui répond à la tête du mari, on lit : « Cy git noble et illustre personne messire Jacques de Bauquemare, de Bourdeny... (2) conseiller du Roi en son conseil privé et premier président en sa Cour de Parlement de Normandie, lequel décéda le XXV juin MV$^c$IIII$^{xx}$VII. Priez Dieu pour son âme. » Ce marbre est un peu effacé. Après quoi, sur pareil marbre qui répond à la tête de la femme, il y a : « Cy gist noble et illustre dame Catherine de Croixmare, femme du dit sieur de Bourdeny, premier président, laquelle décéda le premier jour d'aoust MDCVII. Priez Dieu pour son âme. » Enfin, au milieu de l'espace et vis à vis de l'autel qui y est, on lit, sur une tombe platte de marbre blanc enchassée dans une bordure de marbre noir cette inscription : « *D. O. M. Johanni Bauqmario Burdiniano, clarissimo causarum patrono, qui susceptis ex nobili uxore Hugonia Dubosc XIIII liberis, sex maribus, octo feminis, œtatis annum agens LXXII, diem obiit extremum anno Domini MDXXXV. 10 sept. Joanni Nicolao et Petro Baucmariis fratribus amantissimis vitâ defunctis, Jacobus Baucmarius Burdinianus eques, sacri consistorii senator, primusque in senatu rothomagensi præses* (le reste est presque tout effacé) (3).

Dans l'église des Grands Carmes (4), près mon auberge, au mur collaté-

---

(1) Donné par Farin, IV$^e$ *partie*, moins la description du tombeau, et avec la date de 1610. — Il en est de même de l'épitaphe suivante.

(2) Les lacunes doivent être ainsi complétées : « Seigneur de Bourdeny, de Varen-
» geville-sur-la-Mer, du Mesnil et de la Rivière. » D'après Farin, qui donne la date du 28 juin 1584, dans l'épitaphe, et celle de 1585, dans la liste des premiers présidents du Parlement.

(3) Cette circonstance nous explique pourquoi Farin n'a point compris cette épitaphe dans son ouvrage.

(4) Elle formait l'autre côté de la *rue de la Chaine*, à son débouché dans la *rue des Carmes*, et c'est sur son emplacement qu'on a ouvert cette partie de la place. — Cette longue inscription et les suivantes sont dans Farin.

ral c. év et près le maître autel, il y a un tombeau contre le mur où, sur un marbre noir, on lit : « *P. M. Caroli Faucon de Ris, marchionis de Charleval, comitis de Basqueville, senatus rothomagensis principis, quem Joan. Ludovicus pater, Carolus avus, Alexander propatruus, Claudius proavus, et ipsi senatus principes habuerunt suæ dignitatis hæredem. Quorum nempe famam adæquavit, desiderium minuit, gloriam auxit, et æternavit memoriam : senator rothomagensis, libellorum supplicum magister, ad Nivernenses et Aquitanos missus juris arbiter, populi amorem, regis gratiam promeruit. Annos natus XLV, senatûs rothomagensis princeps renuntiatus jus incorruptum ita dixit, ut Falco Rizios et vivere et senatui Neustriæ præfuisse proborum omnium interfuerit. Obiit ætatis LI anno MDCLXXXXI. Carola Maignart de Bernières conjugi meritiss. conjux mœrentiss. pos.* » — De plus, sur un marbre noir, au piédestal, on lit encore : « *Eadem Carola Maignard de Bernières plena bonis operibus animam puram et fidelem Deo reddidit die VIII sept. 1694, nondum peracto 44 ætatis anno et tumulata fuit Lutetiæ, quam vidua incolebat, in sacello communionis ecclesiæ parrochialis Sancti Pauli. In Christo dormienti salutem et æternam quietem precare.* » — Plus près en joignant l'encoignure du mur, quasi contre contre lequel est dressé le maître autel, il y a encore un épitaphe où, sur un marbre noir, on lit : « *Hic jacent corpora illustrium quondam et integerrimorum Neustriæ senatûs protopræsidum Alexandri et Caroli Falconis fratrum, et nobilissimæ Caroli conjugis Carolæ Du Drac, nunc pulvis et cinis* (1). » — Après quelques pieuses réflexions, on lit encore « *Obiit Alexander anno Domini MDCXXVIII ætatis LXIV. Carolus, dum regi juveni Ludovico XIV*$^o$ *et augustissimæ reginæ matri vota Parlamenti Dieppæ defert, hoc officio rite perfunctus, in conspectu suarum majestatum repentinâ morte sublatus (2), ipsis invictæ fidei et integritatis viri casum dolentes, mæsto et stupente reliquo magistratu circumstante, occubuit pridiè non. augusti anno MDCXLVII ætatis suæ LXX. Johannes Ludovicus Falco Rizius, Caroli filius, primus Normanniæ præses, sicut dignitatis et pietatis defunctorum hæres, in hoc sacello proprio* (c'est à cause d'un autel qui

(1) Ces pieuses réflexions sont dans Farin, qui a omis le mot *Caroli* avant *conjugis*, nécessaire pour en déterminer le sens.

(2) Sur cette mort subite de Charles Faucon, sieur de Frainville, le 3 août, en haranguant Louis XIV, Voir les *Mémoires* de M$^{me}$ de Motteville, collect. Petitot. t. XXXVII, p. 244, et M. Floquet, *Hist. du Parl. de Normandie*, t. V, p. 150.

est dans le même alignement que le maître autel) *tumulum condidit, et in perpetuam clarissimorum virorum memoriam monumentum epitaphium hoc mœrens posuit. Quem mors repentina sustulit anno Domini MDCLXIII kal. martis, et jacet in ecclesiâ parisiensi O. P. E.* (1). » Du c. ép., dans un petit enfoncement qui fait face au maître autel, on lit sur un marbre noir :
« D.O.M. Cy gisent messire Nicolas Damours, chevalier, conseiller du Roi
« en ses conseils d'Etat et privé, et président au Parlement de Rouen,
« lequel décéda le XXXe jour d'août MDIIIIxxV, et dame Marie du Monceau
« sa femme, laquelle trépassa le IIe jour de janvier MVIIIIxxXIII. Messire
« François Anseray, seign. de Courvaudon et de Darcet, aussi chevalier et
« conseiller du Roy en ses conseils d'Etat et privé, et président aud. Parle-
« ment, lequel décéda le XXIIe de mars MVIcVII, et François Anseray, che-
« valier, seigneur de la Fontenelle et de Darcet, leurs enfants, leur ont
« fait dresser ce monument. Priez Dieu pour leurs âmes. »

Dans le faubourg St Sever, qui est au delà du Pont, il y a le prieuré de N. D. de Bonnes Nouvelles, où sont des bénédictins de la congrégation de St Maur. Dans la nef de l'église, sur un marbre noir attaché à la muraille c. ép. on lit ces paroles (2). « En ce lieu l'église N. D. du Pré, depuis dite N. D. de Bonnes Nouvelles (3), à cause du mystère de l'Annonciation qu'elle a pour particulière solennité, a été premièrement

(1) Farin ne donne que quelques mots de cette dernière épitaphe. Il y a cela de remarquable qu'Alexandre, Charles et Louis de Faucon, tous les trois premiers Présidents du Parlement de Normandie, sont morts tous les trois de mort subite, en 1628, 1647 et 1663. — L'épitaphe de ce dernier est au *Musée des Antiquités de Rouen.* — O. P. E. *Orate pro eo* ou *pro eis; Priez pour lui* ou *pour eux.*

L'épitaphe suivante est aussi dans Farin. Quelques mots ajoutés ou modifiés prouvent que l'abbé Bertin a lu sur les lieux mêmes toutes ces épitaphes.

(2) Cette épitaphe est dans **Farin**, 5e *partie*, mais il y a plusieurs changements. Il nous apprend que : « Le sieur Davanne, désirant contenter les curieux, a fait graver
» sur une grande table de marbre, à l'entrée de l'église, les antiquités de ce prieuré
» qui sont réduites en peu de mots, comme il s'ensuit. »

(3) Il s'appelait d'abord *Notre-Dame-des-Prés.* Il changea de nom, parce que Mathilde « selon la tradition, y étoit quand elle reçut les nouvelles de la victoire signalée

bâtie par Guillaume le Bastard duc de Normandie, et Mathilde sa femme, environ l'an du salut MLX; puis en l'an MLXXXXII érigé en Prieuré de l'O. de St Benoit, dans la dépendance de l'abbaye du Bec Hellouin, par Robert, leur fils ainé, duc de Normandie ; augmenté en l'an MCXXII par Henri, son frère, roi d'Angleterre, aussi duc de Normandie. Duquel lieu tous les bâtiments ayant été entièrement démolis et ruinés l'an MV$^c$XCII, lors du siége de Rouen ; cette église en l'état qu'elle est, et les clotûres de ce monastère furent rétablies l'an MVI$^c$IIII par Guillaume (1) de Cornac, abbé des Chastelliers, lors Prieur, à la diligence du s$^r$ Nalot, négociant le temporel dudit Prieuré, en l'an MVI$^c$XXXVI, pour restaurer l'ancienne discipline régulière, y a été fait l'établissement de religieux bénédictins de la Congrégation de St Maur en France, et le cloistre avec tous les autres lieux réguliers bâtis à neuf par M$^r$ Nicolas Davanne, prêtre et prieur de Meulan et de céans, au même soin et secours du sieur Nalot (2). *Laus Deo.* »

Sur un marbre noir même côté il y a: « Le même sieur Davanne, après avoir achevé les bâtiments de ce monastère ainsi qu'il a fait à Meulan, restabli la régularité, et fait les décorations, fondations et donations à l'un et à l'autre, a esleu la sepulture de son corps audit Meulent, lieu de sa naissance, afin de rendre à la terre ce qu'elle a produit, et celle de son cœur en cette église par offrande de ses plus tendres affections à la Ste Vierge, mère de Dieu. Cette addition posée l'an 1656, de son aage 66$^e$ (3). »

» que son mari remporta sur les Anglais l'an 1066, et que joignant cette bonne nou-
» velle à celle que l'Ange annonça à la Vierge, elle voulut que cette église se nom-
» mât *Notre-Dame-de-Bonnes-Nouvelles.* » (Farin). D'après cela, il faudrait donc toujours mettre *Bonnes-Nouvelles*, et non le singulier, comme c'est l'habitude.

(1) Farin dit, M. Gaillard de Cornac, et donne la date de 1626. Plus bas, il remplace *céans*, par *de ce lieu*. Bertin supprime en tête : Ad majorem Dei gloriam, mais il donne à la fin : *Laus Deo*. Ces petits détails prouvent que Bertin n'a pas copié Farin, dont l'ouvrage avait paru depuis cinquante ans.

(2) Né à Paris, receveur des décimes à Rouen.

(3) Ce sieur Davanne était un prieur commendataire de *Notre-Dame-de-Bonnes-Nouvelles*. Farin donne la date de 1654, précédée de cette phrase : « Lecteur, pense à la mort, et à faire trésor de bonnes œuvres ; ce seront les seuls biens pour l'éternité. »

Il reste à faire mention de l'abbaye de St Ouen qui est la plus grande et la plus belle église de Rouen, après la Cathédrale. Elle est a peu près aussi longue, en y comprennant l'enfoncement d'une chapelle qui achève le chevet de l'église, mais elle a beaucoup moins de largeur. J'ai remarqué ci devant que les Bénédictins de la Congrégation de St Maur ont été transférés ici, après la ruine de leur ancien monastère du Mont Ste Catherine. La longueur de la susdite église est de 175 de mes pas, ce qui revient à environ 69 toises. La longueur de la croisée d'un fond à l'autre est de 55 de mes pas, ce qui fait 19 à 20 toises (1). Il y a à chacune des trois portes une belle rose de vitres colorées, et derrière le chœur une allée tournante. La nef a dix arcades, avec une galerie au dessus ; le chœur en a trois avec cinq pour le pourtour du cancel, lesquelles ont aussi une galerie au dessus. Les galeries sont peu larges, mais elles sont éclairées par des vitres qui les ferment au dehors. Chaque bras de la croisée a des arcades avec leurs galeries au dessus, et sur le milieu de cette croisée, il y a un clocher fermé au dessous par la voûte, mais percé en dehors à jour dans toute sa hauteur, avec des ornements gothiques. Il diminue en flèche et finit par un couronnement octogone entre quatre tourelles. C'est dans cette tour, terminée par une pointe, que sont les cloches. Il y a dans le chœur 28 chaises hautes, de symétrie uniforme et d'une menuiserie agréable bien travaillée (2). Le jubé est compris dans le chœur, et les stalles ou hautes chaises commencent sous la moitié de sa largeur. L'autel a une suspension avec un dais inutile au dessus, la voûte de l'église étant suffisante. Ce même autel a un retable simple et médiocre en hauteur, mais qui cache pourtant un autre autel, qui est derrière. Tous les piliers de la nef ont chacun deux figures de pierre assez bien faites. Ceux du chœur, qui forment le cancel, n'en ont qu'une. A

(1) Ces dimensions sont à peu près celles que l'on trouve partout. — Voir Farin, 5e *partie*.

(2) Les détails qui suivent sont précieux pour nous retracer l'aspect de Saint-Ouen, au commencement du xviiie siècle, si différent de celui qu'il offre de nos jours. — Voir sur l'hist. de l'abbaye de Saint-Ouen, Dom Pommeraye ; Gilbert, **Description historique** ; Le Prévost, *Précis analytique de l'Académie de Rouen*, 1816.

la première chapelle de l'aile collatérale du chœur (1), côté évangile, il y a une horloge qui marque le cours du soleil et de la lune et les heures, les minutes, les mois, les semaines. En sonnant les heures, elle fait entendre une strophe de quelque hymne. J'ai oublié de dire que le rétable du maitre autel porte les statues de St Pierre et de St Paul, qui étoient ci devant les patrons de l'église. De plus cet autel a deux courtines ou rideaux qui ferment ses côtés, et quatre piliers qui les soutiennent et qui portent chacun un ange, comme à la Cathédrale. L'allée tournante du chœur a des chapelles, mais la nef n'en a point, excepté c. ép., laquelle joint la croisée. Il y a deux autels sous la partie du jubé qui fait face à la nef.

Le grand portail est demeuré imparfait, les deux grosses tours étant restées à la seule hauteur de la voûte de l'église, laquelle voûte n'a que 100 pieds d'élévation. L'église au reste n'est pas moins agréable par le dehors que par le dedans.

Dans le bras de la croisée c. év. il y a un escalier pour monter au dortoir, et au pied de cet escalier une porte pour entrer dans le cloitre, dont l'allée, qui commence à cette porte, avait il n'y a pas longtemps des siéges ou bancs de menuiserie garnis de pupitres pour porter les livres qui étoient gardés dans un enfoncement de la muraille présentement bouché (2). On voit d'ailleurs sur ces fenêtres, qui donnent sur le préau, des pupitres de pierre qui sont restés en cette situation que le lecteur, tournant le dos au préau, étoit assis sur le rebord de pierre ayant devant lui son pupitre éclairé par le jour qui venoit du préau. Il y avoit trois de ces pupitres à chaque arcade de fenêtre, et il s'en trouve douze qui sont restés dans cette allée du cloître. Quant à l'enfoncement susdit, qui a été bouché, il servoit ci devant de bibliothèque, et les cloitres étoient fermés de vitres, parce qu'alors les moines demeuroient tout le jour dans les cloitres ou dans l'église, et n'en sortoient que pour aller au refectoire et au dortoir, lequel pourtant n'étoit pas partagé en chambres ou cellules, mais une salle commune qui contenoit tous les lits.

(1) C'est aujourd'hui la chapelle des fonts baptismaux.
(2) Farin dit qu'ils ont subsisté jusqu'en 1695; on voit cependant, plus bas, qu'ils ne furent pas tous détruits.

Le réfectoire a huit arcades dans sa longueur; il est large à proportion et voûté de pierre avec un rang de fenêtres de chaque coté, où les vitraux sont colorés dans leurs bordures. Au pilier de la porte d'entrée on lit en dedans : « Ce réfectoire a été bâti vers l'an MCCXL par l'abbé Hugues de Courmoulins (1). » Il a de hauteur XLV pieds, de largeur XXXVIII, de longueur CXXXII, c'est à dire 22 de mes pas en largeur et de longueur 55 pas.

La maison abbatiale est à côté de la porte du monastère, et a été bâtie par le cardinal Antoine Bohier, abbé de St Ouen et archevêque de Bourges (1).

En entrant dans le chapitre, on trouve deux tombes plates de pierre et sur chacune une figure de femme gravée; sur celle de droite on lit : « Cy gist » Nicole qui fut fame Raoul le Borgeis qui trespassa l'an de grace » MCCLXXIX au mois de mai. Pries pour Diex. Pries pour elle. » Sur l'autre on lit : « Ici gist Avisa qui fut fame Jehan de Bon Ordre qui trespassa » l'an de grâce MCCIIII**I, au mois de novembre. Dex aie merci a son » ame. » (3).... Croit que pour paver le chapitre on a apporté ces deux tombes d'ailleurs.

Dans une salle ou parloir qui communique du cloître au jardin, on lit sur un tableau qui y est attaché : « *Monasterii primordia* (4). — *Monasterium Sancti Audoeni B. Petro apostolorum principi primitùs sacratum fuit. Verum*

---

(1) Après l'incendie de 1238, qui consuma tous les bâtiments de l'abbaye avec la majeure partie de la ville.

(2) Dortoir, réfectoire, maison abbatiale, rien de ce que décrit Bertin n'existe plus. Les bâtiments actuels, où est l'Hôtel-de-Ville, sont du milieu du XVIII<sup>e</sup> siècle. Defrance en fut l'architecte. La maison abbatiale occupait l'extrémité Nord de la place actuelle de Saint-Ouen, et elle a été démolie en 1816. — Bohier fut abbé de Saint-Ouen de 1491 à 1515.

(3) Ces deux épitaphes sont données, en abrégé, par Farin, qui paraît avoir raison de mettre *Anice* au lieu d'*Avisa*.

(4) Nous n'avons par rencontré ce résumé de l'histoire de l'Abbaye dans D. Pommeraye.

*sepulto ibidem S. Audoeno pontifice, commune sortitum est nomen SS. Petri et Audoeni. Tandem sub uno S. Audoeni nomine innotuit. Ejus originem ad Clotarii primi Francorum regis annum XXIV, qui ferè ad annum Christi incidit* (1), *refert Fridegodus et Johannes* (2), *cognomine Marc d'Argent, abbas, Caroli Valesiorum comitis consiliorum particeps superbæ, quæ nunc exstat, basilicæ, initium dedit et intra XXXVII annos quibus vixit, stupendum hoc opus ad transversam usque crucem perduxit. Absolverunt ecclesiæ crucem, coronam et navis partem dimidiam decem qui Iohanni successerunt abbates, inter quos Guillelmus IV* (3), *cardinalis, præter cætera, elegantissimo Odeo templum decoravit. Cardinalis autem Boherii* (4) *curâ et impensis, absolutâ ecclesiæ nave, interiorem illius faciem aggressus est Innocentius cardinalis Cibo* (5), *hactenùs incompletam. Godefridus rothomagensis episcopus, anno* 1126 (6) *consecrationis impendit beneficium, dedicationis celebritatem auxit corporis S. Audoeni et cæterorum pignorum translatio, quæ in novam basilicam transportata sunt. Anno* 1562, *Calvinistæ sacrarium depopulati sunt et accensa in ipsomet templo erasis monachorum stallis ingenti pyra sacras reliquias combusserunt. Congregationis S. Mauri patres anno* 1660 *locum subeunt* (7)... *Abbatis*

(1) Il doit manquer ici V<sup>c</sup>XXXV (535), date présumée de la fondation, et qui correspond à la 24<sup>e</sup> année du règne de Clotaire I<sup>er</sup>, qui monta sur le trône en 511. — Fridégode vivait dans le X<sup>e</sup> siècle, et c'est à tort qu'on lui attribue une *Vie de saint Ouen*.

(2) Jean III Roussel, surnommé Marc d'Argent, abbé de 1302 à 1339, jeta les fondements de la Basilique en 1318. Ces 37 ans marquent la durée de sa dignité, et non de sa vie, comme le dit ce résumé historique de l'Abbaye de Saint-Ouen.

(3) Guillaume d'Estouteville, le premier des abbés commendataires de Saint-Ouen, mort en 1482, donna des sommes considérables pour construire le jubé.

(4) Antoine Bohier, abbé de 1491 à 1515.

(5) Innocent Cibo, neveu du pape, qui résigna en 1545.

(6) Le 17 octobre.

(7) Sous Emmanuel Joseph de Vignerod, l'abbaye de Saint-Ouen fut unie à la congrégation de Saint-Maur, et les religieux réformés en prirent possession le 29 juin 1660.

*et Monachorum privilegium est, electum recens Archiepiscopum, ubi primum ab inauguratione metropolitanam urbem ingreditur, solemni apparatu deducere ad cathedralem ecclesiam, et offerre canonicis, ejusdem funus, ubi diem extremum clauserit, in Sancti Audoeni Basilicam eodem quo supra, sed lugubri, relaturis. Guillelmus IV d'Estouteville S. R. E. Cardinalis et rothomagensis Archiepiscopus, multis ecclesiam ditat sacris vestibus, ingentem pecuniæ vim largitur tum ad odeum construendum, tum ad absolvendam ecclesiæ fabricam. Obiit Romæ anno 1482 (primus hìc recensetur inter commendatorios abbates)... Emmanuel Theodosius a Turre Arverniæ, Cardinalis Bullonius, anno 1667, abbatiale munus (commendatarium) iniit* (1). »

Dans l'église paroissiale de St André, (2) qui a son maître autel appliqué au mur du chevet qui finit en demi cercle, sur la porte de la petite armoire où se conservoit le viatique, le nom de IHS y reste encore peint en lettres gothiques, et audessous de cette petite armoire le même nom s'y voit peint de même vis à vis, qui est côté ép. Il y a aussi une piscine à St Vincent. Il y avait aussi c. év., au pilier proche le maître autel, une armoire pour les hosties consacrées ; mais elle ne paroit plus, parce qu'on a lambrissé tout le mur. C'est un valet de l'église qui m'a dit que le vuide de l'armoire est sous ce lambris.

L'abbaye St Amand est un monastère de religieuses bénédictines, qui sortoient autrefois pour assister aux processions des Rogations, à la suite du clergé, et de même à l'enterrement des abbés et des prieurs de l'abbaye de St Ouen.

Le mercredi des cendres, l'archevêque en officiant donnoit dans la cathédrale des cendres à tous ceux du clergé. Mais il ne paroit point dans les

(1) Emmanuel Théodose de La Tour d'Auvergne. — Le tableau, placé derrière la chaire à prêcher de Saint-Ouen, retrace un fait de la vie de ce cardinal-abbé. Il a été peint à Rome en 1699, par Pierre Léger de Rouen. Le sujet en est l'ouverture de la *Porte Sainte*, qui a lieu tous les 25 ans à Rome.

(2) Comme il est immédiatement question de Saint-Vincent, ce doit être **Saint-André-en-Ville**, appelée aussi Saint-André-de-la-Porte-Aux-Fèves, rue aux Ours, sur le parcours de la rue de l'Impératrice.

anciens livres qu'ils en prissent eux mêmes et qu'ils en reçussent. La même chose se fait à St Agnand d'Orléans et à la cathédrale de Vienne en Dauphiné.

Je me suis informé à Rouen de ce qui pouvoit concerner la personne et les emplois qu'y a eus feu M. Le Tourneux, auteur de l'*Année chrétienne*, livre d'édification qui est entre les mains de toutes les personnes dévotes, et j'ai appris que cet ecclésiastique étoit natif à Rouen, de la paroisse de St Vivien; qu'il est né de parens pauvres qui gagnoient leur vie à travailler à journée; qu'ayant été fait prestre à 22 ans, il fut peu de temps après à l'église St Etienne des Tonneliers, où il fut vicaire environ sept ans; après quoi, il vint à Paris où il s'abstint, pendant quelque temps, de dire la messe pour réparer sa précipitation avec laquelle s'étoit faite son ordination. Il demeura inconnu chez M$^{me}$ Caillot que je connoissois, et delà il fut loger au collège des Grassins. Il prêcha ensuite avec beaucoup d'applaudissement. Je l'ai entendu plusieurs fois pendant le carême qu'il prêcha à St Benoit. Il fut connu de M. Colbert, ministre d'Etat, qui en parla avec estime à son fils, coadjuteur à Rouen (1), et le porta à le consulter en quelques rencontres. Il vint un jour à Versailles, y étant mandé par le marquis de Seignelay, secrétaire d'état et je dinai alors avec lui chez M. de Colbert à la surintendance. On croit que ce fut M. de Colbert qui lui fit donner le prieuré de Villiers. Il arriva ensuite que le P. du Breuil de l'Oratoire, aiant fait venir à St Denis en France quelques livres qui n'avoient point de priviléges, on trouva dans le ballot des lettres adressées à M. Le Tourneux. Le bruit s'en répandit et alla jusqu'à M. de Harlay, archevêque de Paris, qui, cédant aux instances des ennemis de ce prédicateur, retira les pouvoirs qu'il lui avoit accordés, et l'obligea de se retirer à son prieuré, dans le diocèse de Soissons. Il revint enfin à Paris et y mourut en 1686, âgé de 46 ans. Il se distingua fort dès son enfance par la facilité de son esprit et apprit le latin en peu de temps. Il s'appeloit Nicolas en son nom de baptême (2).

(1) Jacques-Nicolas Colbert, d'abord coadjuteur de François Rouxel de Medavy, en 1681, et ensuite son successeur dans l'archevêché, en 1691.

(2) Il mourut le 28 novembre, grand ami de tout Port-Royal, et surtout de M. Du Fossé, qui en parle longuement dans ses *Mémoires*, aussi bien que la *Nouvelle histoire*

Le quay est remarquable à Rouen par la beauté et par la quantité de navires qu'on y voit. La statue de Jeanne d'Arc, Pucelle d'Orléans, y est dans la place du marché aux Veaux, au dessus d'une fontaine, dans un petit ouvrage d'architecture fort usé (1). Il paraît qu'à Rouen on a été curieux de faire aux églises de belles tours ou clochers. Il y en a un assez beau à St Martin du bout vers le Pont. Il est quarré et finit en flèche (2). Presque tous les autels, qui sont demeurés dans leur ancien état, sans nouveaux ornements, ont des piscines, c. ép. Il y en a à St Maclou, et son clocher, posé sur la croisée de l'église, est un des plus beaux en architecture gothique comme tous les autres (3).

Le même jour jeudi 4, je soupai chez M$^{me}$ Brinon avec M$^{me}$ de Graville et M. du Mesnil, qui avoit été précepteur de M. l'abbé Brinon.

Le vendredi 5°, M. de Brinon, conseiller au Parlement (4), vint à mon hôtellerie, où il ne me trouva pas, m'étant allé promener auprès de N. D. de Bonnes Nouvelles, après avoir donné à diner à M$^{me}$ de Graville dans mon auberge de l'Abbaye Royale.

Le samedi 6, j'allai visiter l'église St Etienne des Tonneliers et celle de de St Maclou et aussi celle de St Laurent (5). Elle étoit fort parée, parce *abrégée de l'Abbaye de Port-Royal*, où il a un article spécial dans les *Vies choisies*. Sa réputation, comme prédicateur, ne fut pas moins grande à Rouen qu'à Paris.

(1) Cet édicule pyramidal, construit vers l'an 1530, remplaça une croix primitivement élevée sur le lieu où fut brûlée Jeanne d'Arc. Dès 1628, il était déjà endommagé, et on le démolit en 1754. — Voir un dessin dans les *Antiquités nationales* de Millin, tome III, chap. 36, et un article sur la *Restauration de la Fontaine de Jeanne d'Arc*, dans la *Revue de la Normandie*, 1862, par M. Pottier.

(2) *Saint-Martin-du-Pont*, ou de la *Roquette;* la cour Martin, rue Grand-Pont, en marque la place.

(3) Terminé en 1520 et démoli, après deux ouragans, en 1736 et en 1796. Il y a un modèle de ce clocher au *Musée des Antiquités* et à la *Bibliothèque* de Rouen. Dans une *Vue de Rouen*, par Silvestre, on a une esquisse de l'autre.

(4) Nicolas-Louis de Brinon, sieur de Fomanville, nommé en 1696.

(5) Supprimée à la Révolution comme paroisse, elle subsiste encore comme atelier d'un carrossier, et l'ouverture de la rue de l'Hôtel-de-Ville, en la démasquant, en a mis au jour toute l'élégance.

que depuis les fêtes retranchées (1), dont est celle de St Laurent, l'usage est de les solenniser le dimanche qui est le plus proche du jour de leur échéance. Elle devoit donc être solennisée le lendemain dans cette église, et, pour cela, il étoit jeûne ce jour là samedi, qui en étoit la veille. Comme je vis plusieurs personnes communier après la messe, je demandai à un prêtre dans la sacritie d'où venoit que ces personnes n'attendoient pas au lendemain dimanche. Il me demanda ce que j'y trouvois à redire. Je lui répondis que c'estoit un jour de jeûne, destiné à se préparer à la feste du lendemain. Il se moqua de ma réponse et me rembarra fort. Je vis ce jour là l'église St Jean (2) où, proche du maître autel c. év. il y a un petit ouvrage d'architecture gothique en pierre avec une cavité fermée par une petite porte de bois, percée à jour. C'est où l'on met présentement l'huile de la lampe. Il me parut que c'étoit auparavant l'armoire du viatique, ce qu'un ancien prêtre de la paroisse me témoigna être probable, à cause de quelques ornements appliqués autour de cette armoirie. J'ai vu aussi l'église St Georges, où il y a, dans un enfoncement du mur, c. év., une figure grande et de plein relief d'un cavalier monté sur un fort cheval qui terrasse une bête monstrueuse (3).

Le dimanche 7 août, départ de Rouen, à 6 heures du matin, après avoir ouï la messe de St Laurent. On sort par la porte Cauchoise, où est la paroisse S. Gervais et où St Mellon, archevêque de Rouen, est enterré dans une crypte devant le Crucifix de la porte du chœur (4). C'est là qu'étoit l'an-

---

(1) En novembre 1666, Louis XIV, à l'instigation de Colbert, avait supprimé dix-sept fêtes. — Voir le *Journal de d'Olivier d'Ormesson*, t. 2e, p. 477.

(2) La partie de ses murs, qui avait été enclavée dans le passage Saint-Jean, vient d'être abattue pour élargir la place du Neuf-Marché, dont elle occupait l'angle sud-ouest. Voir une *Notice* de M. de la Quérière, 1860, qui ne donne point ces détails.

(3) Sur la place de la Pucelle, à usage d'écurie. Cette collégiale, fondée sous le nom de l'église du *Saint-Sépulcre*, a été appelée depuis *Saint-Georges*, à cause de l'image de ce saint, qui étaitde grandeur naturelle. — Voir une *Notice* de M. de la Quérière.

(4) Il fut déposé en 311, et la crypte et le tombeau existent encore. — Voir Thieury, *Saint-Gervais de Rouen*.

cien cimetière de la ville. Ensuite on monte sur la montagne, on passe devant l'abbaye de Mont aux Malades. O. S. Aug. de la réforme de S^te Geneviève (1), de là au Tronquet (2), à Bondeville †, à Malaunay † où coule un ruisseau le long du chemin, et où l'on voit S. Maurice à droite (3), puis une montagne couverte d'un beau bois de charmes, après quoi on trouve le château de Madame, les Cambres, Baütot † (4), Varneville (5), dr. avec une maison, beau jardin et belles avenues, dont le seigneur est M. de Varneville, conseiller au Parlement de Rouen. Enfin on arrive à Tostes, où il n'y a qu'une hôtellerie passable.

De Tostes à Bonnetot, après quoi on détourne à la deuxième route, à dr., puis Carcuit (6) et une lieue de plaine, ensuite à Longueville avec château et prieuré de Bénédictins de Clugny, qui n'y sont que depuis peu d'années (7). L'église qui est bonne encore pour le bâtiment, est en mauvais état pour la propreté; elle a des bas côtés qui finissent à l'autel. La nef a six arcades jusqu'à la croisée, qui en a deux, et qui porte le clocher sur le milieu. Le chœur contient une grande arcade sous laquelle il y a dix neuf hautes chaises, y compris celles qui font face au maître autel; puis des petites arcades pour le cancel, après l'autel qui est isolé. Il y a une véritable abside, dont la voûte en demie coupole est de pierre, aussi bien que celle du cancel. La nef

(1) C'était un *Prieuré*, dont les chanoines réguliers de Sainte-Geneviève prirent possession le dimanche 17 novembre 1669, à la suite d'une réforme. Son premier prieur Nicolas siégeait en 1150.

(2) Hameau du Mont-aux-Malades.

(3) Sur la route de Malaunay à Monville.

(4) L'auberge des *Cambres* est encore bien connue au haut de la côte de Malaunay. *Beautot*, sur les cartes.

(5) Varneville-lès-Grès.

(6) Carcuit est un hameau de Gonneville-les-Hameaux.

(7) Ceux qu'y trouva Bertin peut-être, car la fondation de ce prieuré, occupé par des Bénédictins de Cluny, remonte à la fin du XI^e siècle. — Les détails qui suivent sont d'autant plus curieux qu'il ne reste plus rien de l'église ni du cloître de ce prieuré, traversé par le chemin de Rouen à Dieppe, qui y a établi une de ses gares.

et la croisée n'ont qu'une voûte lambrissée qui a plus de hauteur que celle du chœur. Au milieu du cancel, entr'autres tombes plates, il y a, c. ép. celle d'un cavalier en relief couché sur le dos avec son écu sur la cuisse gauche, et les mains jointes et aiant un chien sous les pieds. On lit sur la tombe : « Cy gist monsieur Robert Maillard, chevalier seigneur de Lamberville qui trespassa l'an MCCCXLIIII, le XVI° jour de septembre. Priez por li (1). » Une autre c. év. où les mains et le visage sont de marbre blanc. On lit : « Chi gist damoiselle Isabelle d'Auge (2), niepche Guill. de Moranville, vicomte de Longueville pour le temps qui trespassa l'an de grâce MCCCXXXIX, le samedi avant la S. Benet. Prions Dieu pour l'ame de li, Amen (3). » Au bas de l'église, c. év. il y a contre le mur, où commence le bas côté, un massif de pierre élevé de deux pieds et trois figures aussi de pierre, couchées sur le dos. Les deux qui sont les plus près du mur sont d'un homme et d'une femme, à coté l'une et de l'autre, avec un coussin à chacun sous leur tête. La femme a les mains croisées sur la poitrine avec deux lezards à contre sens sous ses pieds ; le mari a les mains jointes et un animal à peu près de même sous les pieds. La troisième figure est ensuite avec les mains jointes et un coussin sous la tête, mais l'extrémité des pieds est brisée (4). On n'y voit point d'inscription et l'on croit que ce sont les fils des fondateurs. On commençait à reblanchir l'église. On commence aussi à rétablir le cloitre par les piliers de l'enceinte du préau. En descendant de l'église dans ce cloitre, c. ép., on trouve à main droite, dans un enfoncement du mur, deux figures de pierre, l'une et l'autre debout. Celle qui est dans l'encognure de l'enfoncement, c. év. tient sur sa main g. une petite

(1) Cette pierre est au *Musée des Antiquités de Rouen*; dans la *Neustria pia*, il y a *Richard*.

(2) L'abbé Bertin nous donne entière l'épitaphe dont M. l'abbé Cochet regrettait de n'avoir lu qu'une faible partie sur la porte d'un pharmacien de Longueville. — V. l'article *Longueville* dans les *Eglises de l'arrondissement de Dieppe*, p. 253.

(3) C'est d'*Eu*, *de Augo*, qu'il faut lire.

(4) Nulle part on ne rencontre la description de ces tombes, qui ont disparu à la Révolution.

église et représente, en habit long et manteau, un homme qui a un lion sous les pieds, vis à vis la figure d'une femme qui a les mains jointes et sur sa tête une petite couronne, ornée de fleurons de roses, et sous ses pieds elle a un animal qui paroit un singe. Elle a de plus une ceinture d'où pend sa bourse du côté dr. et une guimpe qui lui couvre la gorge depuis le menton ; elle s'appelloit Agnès sœur d'Ancel de Libemont (1). L'autre figure est de Gautier Giffard, qui mourut en Angleterre en 1102. Son épitaphe, copiée dans un manuscrit porte :

> Stemma Giffardorum Galterius ingenuorum,
> Quæ meruit vivus busta sepultus habet,
> Templi fundator primus (2) et ædificator,
> Hoc velut in proprio conditus est tumulo.
> Qui se magnificum patriæque probavit amicum,
> Dux virtute potens et pietate nitens
> Religiosorum sed præcipue monachorum
> Cultor multimodè profuit ecclesiæ.
> Mille verò à Christo centumque duobus et annis
> Abiit è vita quindecimo Julii (3).

Il y a encore quatre ou cinq moines anciens en ce monastère (4). Au

(1) Dans l'ouvrage de M. l'abbé Cochet, *Eglises de l'arrondissement de Dieppe*, elle est appelée de *Ribemont*, et, faute de source, l'auteur n'a pu donner que son nom et sa qualité de femme de Gautier Giffard. Avec ces détails, on peut reconstruire le tombeau de tous les deux. La *Neustria pia* donne l'inscription latine qui suit. Les détails y manquent également.

(2) Il y a *præsentis* dans la *Neustria pia*, mot nécessaire pour faire le vers.

(3) On a eu l'intention de faire deux vers latins, ce qui résulte de la terminaison du premier, et de la tournure qui commence le second ; mais il y a trois fautes de quantité. — Dans Toussaint Duplessis on trouve : *Longueville-la-Giffard*.

(4) Nous présumons qu'il y avait plus de monde au prieuré de Longueville, et qu'il s'agit simplement ici de ceux qui occupaient les cinq offices claustraux, *le prieur, le cellerier, le sacristain, le chantre, l'aumônier*. Les autres moines, comme il le dit plus haut, n'auraient été que « depuis peu d'années » dans le prieuré. — V. Toussaint Duplessis, *Description de la Haute-Normandie*, t. I$^{er}$, p. 561.

reste Longueville est un ancien comté érigé depuis en duché (1).

Le dimanche susdit j'attendis à Tostes les deux sœurs jusqu'au soir et je couchai. J'en partis le lundi 8ᵉ à 5 heures du matin. Je dînai à Longueville chez les moines Bénédictins. Le P. Prieur et deux autres Pères me conduisirent sur la hauteur pour me bien mettre dans le chemin. Je laissai le chemin d'Arques à dr. qui est le plus long (2). Puis je passai à la Chaussée †; à Tourville † le long et à g. de Romesnil † à Janval (3), et enfin à Dieppe où j'arrivai le soir et je logeai au Grand Cerf (4), vis à vis la Halle, chez M. Lainé.

Mardi 9ᵉ d'août, je rencontrai à neuf heures, dans les rues, les deux sœurs qui étoient arrivées la veille au soir assez tard, et qui m'avoient cherché aux hôtelleries du roi d'Angleterre (5) et de la Côte de Baleine (6). Nous allâmes sur le champ au Parc faire ouvrir des huîtres à l'écaille, et après ce déjeuner nous allâmes nous promener en chalouppe jusqu'à midi et demi, au long de la rade. Nous dînasmes ensemble à leur hôtellerie de la Côte de Baleine, et nous passâmes l'après midi à la manufacture du tabac (7), à

(1) Il portait le titre de comté, lorsque Guillaume partit pour la conquête de l'Angleterre (1066). Le roi Charles V le donna en 1364 au connétable Duguesclin. Olivier Duguesclin, son frère, le vendit en 1391 à Charles VI. Charles VII le donna en 1443 au fameux Jean d'Orléans, comte de Dunois, fils naturel de Louis de France, duc d'Orléans, tige de la dernière maison de Longueville. Enfin, Louis XII l'érigea, au mois de mai 1505, en *duché-non-pairie*, en faveur de François d'Orléans, comte de Dunois, de Tancarville et de Montgommery.

(2) Il faisait en effet un coude pour aller par Torcy et la Chapelle.

(3) Rouxmesnil et Janval, aux portes de Dieppe. — L'ancien chemin de Rouen traversait Janval pour descendre au faubourg de la Barre.

(4) L'auberge du Grand-Cerf existe encore rue *de la Halle*, et elle n'a pas changé de de nom.

(5) L'hôtel *du Roi d'Angleterre* subsiste encore sur le quai Henry IV sous le nom d'hôtel Victoria.

(6) L'hôtel *de la Côte de Baleine* était situé à la *Vase*, aujourd'hui la *Bourse*.

(7) Supprimée pendant longtemps, elle est actuellement en pleine activité, dans la rue Duquesne, autrefois rue Sailly.

celle du sucre, et à nous promener sur le bord de la mer qui étoit dans son reflux nous donna le moyen d'entrer à pied sec dans le parc des huîtres. Nous soupâmes de bonne heure à la même hôtellerie de la Côte de Baleine, où je couchai. En arrivant à Dieppe, on descend le long de la hauteur où est situé le château ou citadelle. L'entrée du port est entre deux jetées ou digues qui regardent le N. O. (1). Il y a dans cette ville deux paroisses, savoir: S. Jaque, qui a une grosse tour grande et belle, et S. Remi dont l'église est moins grande et assez belle. M. de Ventabren (2), qui a pris soin de rétablir Dieppe depuis le bombardement, n'y étoit point; il logeoit à l'Archevêché (3), proche la vicomté.

Départ de Dieppe, le mercredi 10 d'août, qui est le jour de la fête de S. Laurent en d'autres diocèses. Les deux sœurs étoient dans une chaise roulante à deux personnes, dans laquelle elles étoient venues, et moi pour les accompagner je montai sur un cheval de renvoi. Nous prîmes le chemin de la poste des lettres, et après Jonval nous laissâmes à dr. le chemin de Tostes, puis nous passâmes à Tourville, à la Chaussée †, entrant dans le village et passant devant l'église, et ensuite à S<sup>te</sup> Foy †, de là à Belle Mare ayant Pestot † à g. et Cropus † à dr. (4). Enfin à la Rouge Maison (5), où nous dînasmes à dix heures assez bien. Entre la Chaussée et S<sup>te</sup> Foy on

(1) A travers deux rochers, où la mer mugissante<br>
Vient briser en courroux son onde blanchissante,<br>
Dieppe aux yeux du héros offre son heureux port.<br>
       Voltaire. *Henriade*, ch. I<sup>er</sup>.

(2) Ingénieur qui rebâtit Dieppe, après l'affreux bombardement de 1694. Par une singulière inadvertance, il avait oublié, dans ses nouvelles constructions, la place de l'escalier. Les Dieppois, ratifiant les critiques de Vauban, l'avaient surnommé M. de *Gâte-Ville.*

(3) On appelait l'Archevêché à Dieppe, la maison où descendaient les archevêques de Rouen, seigneurs et comtes de Dieppe. C'est aujourd'hui le n° 35, quai *Henry IV*.

(4) Ce parcours indique une route qui ne figure plus sur les cartes. *Pestot* est pour *Pelletot.* Pelletot est une section du Câtelier.

(5) La Rouge-Maison est une auberge et un hameau de Bracquetuit.

passe assez près de la maison des ducs de Longueville, différente du château qui est dans le Bourg. Cette maison est bâtie de briques avec une face grande et belle, un beau bois et de belles avenues, dont la principale est de sapins. Nous partimes de la Rouge Maison à deux heures. On passe à Bras Cuil †, à Bour le Hart † et à Fontaine le Bourg †, puis à la Meutte, à Neauville † (1), à Boisguillaume, après quoi on arrive à Rouen, par le faubourg des Récollets (2) et des Carmes (3), où est la porte Bouvreuil. Fontaine le Bourg est situé sur la petite riviere d'Aubette qui vient de Cailli (4).

Le jeudi 11e, départ de Rouen pour Paris. Les deux sœurs allèrent ensemble dans une voiture. Je sortis par le mont S. Catherine, rencontrant hors la ville, sur la chaussée ou chemin pavé, l'église S. Paul, paroisse de ce dehors de la ville, puis la petite chapelle S. Catherine, qui n'est plus qu'une grange, puis le Menil † puis Francville † ensuite Bau (5) † et après quoi La Neuville, village long d'une demie lieue. De là en descendant la montagne, on rencontre l'ermitage S. Clothilde ; après cela Pont S. Pierre où après avoir monté la montagne, on rencontre un bois taillis ; puis Amfreville les Champs †, ensuite une plaine, puis Ouville †, puis Queverville. Enfin après avoir passé au long et à la gauche du Noyers on descend à Andely le Grand, où sont les hôtelleries. J'y arrivai à six heures et j'allai loger à la Rose, où je trouvai les deux sœurs. Cette hôtellerie est proche

(1) Bracquetuit. — Bosc-le-Hard. — La Muette. — Isneauville.

(2) Les Récollets, établis à Rouen en 1621, étaient dans la rue du Champ-des-Oiseaux, à main droite en montant. Leurs bâtiments ont été occupés, pendant quelque temps, par les Sœurs de la Providence.

(3) Les *Carmes-Déchaussés*, qu'il ne faut pas confondre avec les *Grands-Carmes*, avaient leur établissement presque en face. Leur église est devenue la *Succursale de Saint-Romain*.

(4) C'est une erreur. Il est sur la rivière de Cailly. L'Aubette a sa source à l'ouest de Rouen, et passe par Saint-Léger et Darnétal.

(5) Le Mesnil-Esnard, — Franqueville et Boos.

l'église collégiale qui a le nom de S. Clothilde, et qui est bien grande et bien bâtie. Son portail d'architecture gothique est entre deux tours, qui sont deux clochers outre lesquels il y en a encore un sur le milieu de la croisée. La nef a sept arcades et le chœur quatre. Après quoi il finit par un mur quarré, où finissent aussi de part et d'autre les bas côtés. L'autel néanmoins n'est pas appliqué contre ce mur quarré, mais il laisse un espace derrière, pour entrer dans une chapelle hors d'œuvre au fond du chevet. Dans le chœur on trouve un tombeau de pierre élevé de trois pieds, avec la figure en plein relief, d'un évêque, et un autre, aussi de pierre, vis-à-vis, c. ép. élevé de quatre pieds, avec deux figures en plein relief, homme et femme couchés sur le dos, lesquelles ont un coussin sous la tête, et chacune un chien sous les pieds et de même sans inscription. De plus, à l'endroit du cancel, sur la clôture de pierre qui ferme le chœur, c. ép, il y a encore sans inscription trois figures de pierre en plein relief, sur la même ligne et l'une derrière l'autre. La première est d'un seigneur, la seconde d'une dame et la troisième d'un jeune enfant. Quant au tombeau du c. ép., où l'on a dit qu'il y a deux figures couchées sur le dos, il a de plus dans ses deux faces, dont l'une est vers le chœur et l'autre vers l'aile, au bas côté, des filles et petits garçons, qui paroissent être les enfants des deux deffunts. L'écusson est d'azur à trois fers de pique d'or. On lit près de là, même c. ép., sur une pierre noire détachée de sa place et appuyée contre les hautes chaises, ces pitoyables vers :

> Sous cette tombe endort après la mort
> Messire Jehan Picard chevalier fort,
> En son vivant seigneur de Radeval
> Villiers, l'Ouraille, homme dextre à cheval,
> Du Roy François conseiller, et d'hostel
> Maistre ordinaire, en honneur immortel
> Bailli, vicomte à Falaise et Gisors ;
> Puis de ce monde il fut soudain mis hors,
> Par Atropoz, suivant les dures lois,
> L'an qui couroit mil cinq cens vingt et trois.

Le jour seizième au mois juillet nommé,
Hors qu'il soit mort en bruit et renommée.
Auprès de luy madame Geneviefve
De Basset, sienne épouse après luy vefve,
Prins son repos droict au huitième jour
D'aout mil cinq cens trente huit, sans séjour.
Jouxte les quels Anthoine Picard
Leur fils aisné mort ...
L'un après l'autre et met tout en ung rien ;
C'est le chemin à tous humains commun.
Par le décès du père il fut vicomte
De Falaise, lorsqu'on nombroit en compte
L'an mil cinq cens trente cinq en décembre
Jour vingt et cinq. Chacun d'eux était membre
Du corps mystique en l'église de Dieu,
Tous inhumés ensemble en ce lieu.
Priez à Dieu qu'en l'éternelle gloire,
Leurs âmes soient des morts après mémoire.
Jésus mourut. Tout meurt, et tout mourra :
Forte est la mort quand il faut que tout meurre,
Rien que bienfait à l'homme ne demeure ;
Tout vifs mourront que nul ne demourra.

Les quatre derniers vers n'estant pas écrits en caractères gothiques comme les précédents paroissent y avoir été ajoutés (1).

(1) Il ne reste point de traces de cette inscription dans la collégiale des Andelys. On y trouve cependant quelques pierres du tombeau de la famille Picard, détruit à la Révolution, avec un fragment d'armoiries. Cette famille était fameuse pour avoir fait construire aux Andelys la *Grande-Maison*, transportée en Angleterre, au commencement de ce siècle, et reproduite dans *Architectural Antiquities of Normandy*, par Cotman. Il n'en n'est pas question non plus dans les ouvrages qui s'occupent des Andelys, *Neustria pia, Gallia christiana*, Millin, Turner, Cotman, *La Rochefoucauld-Liancourt*; ce qui nous fait croire qu'elle est complètement inconnue.

Outre la collégiale, il y a à Andely la paroisse N. D. Cette ville du Vexin normand est sur la porte de la rivière du Gambon qui à demie lieue entre dans la Seine. La chapelle hors d'œuvre, qui est hors de l'église, a le nom de S. Clothilde (1). La porte collatérale, côté ép., est d'une architecture moderne, moins délicate que le reste du bâtiment, qui est d'architecture gothique. Il y a au dehors, c. év., une chapelle isolée et en rotonde, c'est à dire bâtie en rond. Elle a une abside, mais on y a mis l'autel au fond, au lieu que s'il étoit à l'entrée de cette abside, ce serait une église de l'ancienne forme et d'une construction régulière.

Le Vendredi douzième d'août, départ d'Andely pour Vernon. On ne compte d'Andely jusque là que quatre lieues ; mais elles sont assez grandes pour en valoir cinq. L'église collégiale, qui a le nom de N. D., est belle e grande avec des allées tournantes et une croisée. Il y a des galeries au dessous des vitres. Le chœur a cinq arcades, la nef six, on trouve dans cette nef, à la cinquième arcade, un tombeau de pierre élevé de trois pieds, sur lequel est gravé la figure d'un seigneur qui a une levrette sous les pieds. On lit autour de la tombe :

Vernonis princeps, urbs cui cognomina fecit,<br>
Tristia te hoc saxo busta, Guielme, tegunt,<br>
Qui dum saxa paras hujus fundator et ædis,<br>
Funere Parca ferox ultima fila secat.<br>
Mille super centum bis senis jungito lustris,<br>
Flectit iter piscis dum Boreas medium (2).

---

(1) Elle était dans le cimetière, non moins fameuse que la fontaine du même nom, où l'on va encore en pélerinage, le 2 juin, veille de la fête de Sainte-Clotilde.

(2) Millin, *Antiquités nationales*, t. III, p. 17, article *Vernon*, donne cette épitaphe sans citer les deux derniers vers, qui fixent à 1060, au milieu de février, la date de la mort de Guillaume de Vernon, fondateur de la collégiale, en 1052. — On y trouve aussi la gravure du tombeau décrit par Bertin bien longtemps avant que Ducarel (1754) et Millin (1791) en eussent parlé.

Les armoiries qui sont aux deux coins au-dessus de la teste font voir un sautoir et le visage et les mains sont de marbre blanc. A la face du même tombeau, qui regarde le bas de l'église, on lit :

>Cy repose Guillaume de Vernon
>Digne de nom, prince et gubernateur
>De ce lieu cy, dont a pris son surnom,
>Par droit canon des siens vrai zélateur,
>Du collège de céans fundateur
>Et collateur des prébendes et cure,
>Des biens qu'ils ont principal donateur,
>Conservateur de toutes leurs droiture....

Je n'eus pas le temps de lever et de copier le reste (1).

Le pont sur lequel on passoit la rivière est ruiné depuis longtemps ; mais on en a rétabli une partie pour les gens de pied ; le reste se passe dans un bateau qu'on trouve en arrivant d'Andely. Nous dinames à la Galère, proche le rivage d'Andely † (2) ; nous étions venus à Andely étant entrés dans un bois, nous en sortimes en descendant dans le vallon de Pressigny le Val où est une chapelle de S. Geneviève. C'est un hameau de la dépendance de l'Ile †. On entre ensuite dans la grande vallée où coule la rivière de Seyne. Puis passant à la gauche de Pressigny l'Orgueilleux (3) on arrive à Vernon. Là nous primes un bateau en payant quatre sols par tête et nous passasmes à

(1) *Le reste* se compose de ces deux vers, que Millin a donnés :

>Autres grands biens selon Dieu et nature
>Aumonés a perpétuellement.

C'est une sorte de paraphrase de l'épitaphe latine citée plus haut ; seulement le français en est un peu rajeuni, comme on peut s'en convaincre en lisant la première traduction citée également dans *les Antiquités nationales* de Millin.

(2) Du Grand-Andely au Petit-Andely.

(3) Pressigny. — L'Isle.

Bonnières, puis à Rouleboise (1), où l'on change de bateau, ou bien on prend une galiotte pour Poissy. Nous arrivasmes sur le soir à six heures en ce lieu et nous nous y promenasmes sur les bords de la Seine. Puis, après avoir soupé, je me laissai persuader de nous embarquer dans la galiotte qui est une voiture commune et publique à dix heures du soir, le même vendredi.

Le samedi 13 août nous passasmes à Mantes, à minuit. On descend du bateau pour passer le pont, et l'on marche sur le rivage, côté de Limai, qui est comme un faubourg de cette ville, frontière du Vexin français et où mourut Philippe II Auguste en 1223. De là on passe vis à vis d'Epône, qui est c. dr. (2), puis on arrive à Meulan c. g., puis à Vaux † même c. et ensuite Triel de l'autre côté du rivage, qui est c. dr. Il y a Médan †, puis Villaine où est une belle maison seigneuriale, appartenant au président Gilbert, ensuite nous arrivasmes à Poissy, à neuf heures du matin, et nous y quittâmes cette pitoyable galiotte. J'exprimai le mécontentement qu'elle m'avoit causé une douzaine de vers que voici :

>Dans la galiotte ou la galeire,
>Image de toute misère,
>Où j'entrai le treiziesme d'août,
>Je sentis un très mauvais goût.
>Mes yeux, mon nez et mes oreilles
>Souffrirent gènes non pareilles,
>De Rouboise jusqu'à Poissi.
>Alors donc, en étant sorti,
>Me sauvant comme d'un naufrage,
>Je fis serment, foy d'homme sage,
>Je protestai dans ce moment,
>De n'y rentrer de mon vivant (3).

(1) C'est-à-dire, à Rolleboise.

(2) Epone est sur la *rive gauche*, et Meulan sur la *rive droite*, aussi bien que Vaux et Triel.

(3) Les plaintes de l'abbé Bertin ont été communes à tous ceux qui ont voyagé par

L'église du prieuré des religieuses de Poissy de l'ordre de S. Dominique étoit fermée, étant demeurée en cet état depuis un orage qui avoit rompu une partie de la voûte, il y a quelques années (1), et ruiné toutes les vitres. Ce même jour treize, nous arrivâmes à S. Germain en Laie à onze heures, après avoir traversé la forêt, depuis Poissy jusques là, et nous allasmes nous promener dans le jardin et sur la terrasse. Comme il étoit jour de jeûne, à cause de la fête de l'Assomption, qui arrivoit le lundi, nous prismes seulement chacun un verre d'eau chez M. de Maupin, que nous allasmes voir à l'ancien hôtel de Seignelai. Puis nous allasmes à Versailles, où nous dinasmes à quatre heures, chez Bonhomme, à la Belle Image, dans la place qui est devant la paroisse. Nous partismes de là, à cinq heures, pour Palaiseau (2) où nous arrivasmes à huit heures et demie du soir. J'y trouvai mon frère et ma sœur.

---

Ainsi se termina ce voyage de l'abbé Bertin, où l'archéologie, la liturgie et l'épigraphie ont tant à récolter. Cet ancien conseiller au Parlement de Paris, vers 1700, ayant visité plusieurs fois la Normandie, était très apte

ces galiotes, que Rouen a bien connues autrefois, quand elles desservaient la Bouille et Elbeuf, avant les bateaux à vapeur.

Il est probable que c'est le seul échantillon poétique de ce brave abbé, aussi indigné contre la galiote de Rolleboise, qu'Horace contre les bateliers du bourg d'Appius, dans son fameux *Voyage de Rome à Brindes* (Sat. V); seulement l'un est poète et l'autre ne l'est guère. Mais, comme l'a dit Juvénal :

*Si natura negat, facit indignatio versum.*
(Sat. 1re, v. 79).

(1) Vers 1707, « Le tonnerre avait enfoncé la voûte du chœur et mis le feu à l'église. La fonte ou plomb qui la couvrait empêcha tout secours, en sorte que ce dommage fut extrêmement grand, et à l'église qui est magnifique et aux lieux qui en sont voisins. » *Mémoires de Saint-Simon*, petite édit. Charpentier, t. III, p. 380.

(2) A peu de distance de Lonjumeau (Seine-et-Oise), arrond. de Versailles.

à en apprécier toutes les beautés. Le voyage entier dura une quinzaine de jours, du 31 juillet 1718 au 13 du mois d'août suivant, et s'accomplit à pied, à cheval, en voiture et par eau. Pendant dix jours au moins, il parcourut la Normandie, et les détails qu'il nous donne sur notre province sont d'autant plus curieux, qu'il les puise sur les lieux mêmes, que plusieurs des monuments religieux dont il parle ont disparu, et qu'on chercherait vainement ailleurs les descriptions ou les épitaphes que l'abbé Bertin a consignées dans le récit de son voyage. Gaillon, les Deux-Amants, Rouen, Longueville, les Andelys, Vernon ont retrouvé, grâce à lui, certains détails intéressant une portion tout-à-fait ignorée ou mal connue de leur histoire religieuse. C'est à ce titre que l'abbé Bertin nous a paru digne d'attirer l'attention des lecteurs de la *Revue*.

De B.

(Extrait de la *Revue de la Normandie*, année 1863.)